利回り20%を実現する

コイン
ランドリー
投資

堀越宏一
HORIKOSHI KOICHI

幻冬舎 MC

利回り20％を実現する
コインランドリー投資

はじめに

アパート・マンション投資は、出口の見えない冬の時代に突入しています。

日本の人口は、2008年の1億2808万人をピークに減少に転じました。これに伴い賃貸物件の空室率もじわじわと上昇し、先行きを危ぶむ声は数年前から大きくなっていました。

そして2017年、金融庁は各金融機関に対し、すでに供給過剰な状態となっているアパートへの融資を懸念する意向を通達。この時点で融資審査はぐっと厳しくなりました。

さらに2018年に入りスルガ銀行のシェアハウスに対する不正融資が発覚し、金融庁はより一層不動産投資向け融資への監視を強化しています。

人口減少により大空室時代に突入した賃貸住宅市場。そこに追い打ちをかける融資の壁に、投資家の多くは次の投資先を探しあぐねているのです。

実は、個人投資家向けのアパートを販売する企業で代表を務める私も、その一人でした。私の会社は創業46年を迎え、不動産市場の変化に悩んでいました。事業を拡大したくても理想の利回りを維持できる土地がなかなか見つからない。見つかったとしても銀行は投資家へ融資してくれない……。

アパート・マンション投資が厳しくなった今、何に投資すべきなのか。

私が考えた投資先の主な条件は次の二つです。

1．本業を持つ投資家でも手放しで経営できること

2. 開業資金を金融機関が融資してくれること（レバレッジ効果が狙えること）

この二つを満たすものとして、アパート・マンション投資のほかにコインパーキングやトランクルーム市場があります。

しかし、詳細は本文に譲りますが、これらは地主、または大きな資本を持つ企業でなければ旨味がありません。個人投資家の次の選択肢としては決め手に欠けるのです。

資金をそれほど持っておらず、多忙な個人投資家に充実したリターンをもたらす方法はないのだろうか――。

探しに探してやっとたどり着いたのが、本書で紹介する「コインランドリー投資」です。

実はコインランドリー投資については、15年ほど前から目をつけていました。

当時は、管理を請け負っていたロードサイドのテナントが埋まらないという問題が目立ち始めた頃でした。

それらのテナント用地は、個人経営の飲食店や衣料品店などをターゲットとしていた100坪から200坪の土地です。周辺に大型チェーン店ができたことで閉店を余儀なくされ、次のテナントを募集しても、コンビニやチェーン店には狭いといった理由でなかなか見つからない状況になってきたのです。

かといって賃貸住宅にするには交通量が多すぎる立地ばかりでした。

そんなある日のことです。あるテナント用地にコインランドリーが開店しました。

当時のコインランドリーのイメージは、アパートに洗濯機がない男性が行く「汚い」「暗い」「狭い」場所です。

しかし、そのコインランドリーは小ぎれいで、そこそこ活気がありました。中をのぞくとスタッフらしき人はいません。つまり手放し経営が可能ということです。

「これならイケるかも」と、すぐに当時最大手といわれていたフランチャイザーに話を聞きに行きました。

そこで分かったことは、土地代以外にも機械代などで数千万円の初期費用が必要だということでした。

ならば融資を、と銀行へ走りましたが、今以上にコインランドリーが普及していなかった当時は、どこへ行っても門前払いでした。そのため、コインランドリー市場への進出を断念せざるを得ませんでした。

そして月日が流れて数年前です。人口減による大空室時代へ突入し、私たちは新規事業への展開を迫られていました。そのため毎日毎日、次の一手を考えていたのです。

その日も「なにかないか、なにかないか」と車を運転しながら考えていると、視線の脇に15年前にオープンしたコインランドリーが目に入りました。大きなランドリーバッグや布団を抱えた女性たちが入って行きます。

「まだ潰れていなかったんだ」。最初はそれだけでした。しかし、数分後には無意識に頭の中で電卓を叩いていました。

「土地代は15年前の3分の2になっている。しかも、マイナス金利で融資先探しに困っている今の銀行なら融資をしてくれるかもしれない。もし、金利1%で借りられたら?」

私たちは早速、融資を引き出せる事業計画書の作成のため、コインランドリー投資の研究に乗り出しました。市場の現状や売れる店舗の特徴、つまり「勝てるコインランドリー」を調べ尽くしたのです。

そこで分かったことは、

「土地を購入し、建物を新築することでアパート・マンション投資以上に融資がつきやすくなる」

「コインランドリー投資は立地にこだわることで利回り20％も可能である」

ということです。

このようなことをまとめて金融機関に持ち込むと、意外にすんなりと審査を通すことができました。

そしてこだわり抜いた土地を購入し、自社オリジナルの店舗をオープンさせました。すると狙い通りに最初の月から黒字経営となったのです。２年経った現在も赤字になったことは一度もありません。

最近は2、３カ月に1店舗のペースで出店し、現在は12店舗を経営しています。月間平均売上は１００万円超（最高は２００万円弱）。利回りは約20％。もちろん、赤字店舗は一つもありません。

それどころかほとんどの店舗が、月日とともに認知度が増し、売上は右肩上がりの状態です。

融資に関することは、私たち独自のノウハウなので一般にはほとんど知られていません。そして、そのノウハウを駆使すれば、一般の投資家でもコインランドリー経営が可能になります。

コインランドリー投資は「手放し経営」「融資による資金調達」といったアパート・マンション投資とほぼ同じスキームで行えます。しかも、やり方次第でアパート・マンション投資よりも赤字になる可能性が極めて低くなります。

本書はフランチャイザーなどに頼らず、不動産会社経営者ならではのノウハウによってコインランドリー12店舗を展開する私が、実体験から得たその魅力と開業必勝法を余すことなく紹介しています。

次の投資先を決めかねている投資家の皆さん、赤字アパートに頭を抱えている投資家の皆さん、新規事業で売上拡大を狙う企業経営者の皆さんなどには必見の内容です。

ぜひ、ページをめくって新たな可能性を見つけてください。

第3章

長期ローンが組める、利用者からの確実な支持を見込める――コインランドリー投資はメリット尽くしの「新築」物件で始めよう

第4章 有利な条件でお金を借りて最良のスタートを切る
コインランドリー投資成功には欠かせない借り入れ戦略

第5章 清掃・集金・クレーム対応——
ほんのひと工夫で驚くほど売上がアップする
9つの管理術

特別付録

それでも踏み切れないオーナーへ コインランドリー投資の新たな選択肢

第1章

アパート・マンション市場は飽和状態……
次の投資対象選びに悩む投資家たち

アパート・マンション投資市場の現状

投資家が手放しで行える事業の代表といえば、アパート・マンション投資でしょう。運営を管理会社に任せてしまえば、掃除などの日ごろのメンテナンスはもちろん、入居者募集から周辺住民のクレーム対応、集金まで委託できます。

さらに、管理会社と一括借り上げ契約を結んでしまえば、入居者がいようといまいと毎月一定の金額が支払われるので、収入の心配から一切開放されます。オーナーがやることといえば、入金日に通帳を確認することぐらい。まさに手放しの経営が実現できます。

以前のアパート・マンション投資は、地主の土地活用方法として知られていました。しかし、2000年発売のベストセラー『金持ち父さん　貧乏父さん』の「資産とは、あなたのポケットにお金を入れてくれるもの。だからお金を生み出す資産を持つべきだ」という主張を一つのきっかけに、アパート・マンションは一気に一般的な投資対象としてブームになりました。

さらに、昨今の金利の低下によって、ブームは加速。年収数百万円のサラリーマン大家も増え、その結果、現在のアパート・マンションの投資市場は、完全に飽和状態となりました。

特に築20年以上の古い物件の割合が多く、レインズ（不動産流通標準情報システム）のデータによると、東京都のアパートとワンルームマンションのうち築20年を超える割合は約57％。私たちの会社がある埼玉県では約65％を占めています。実に半分以上が築20年以上の古い物件なのです。

ただでさえ古い物件は、個々の状態の優越にかかわらず入居希望者から敬遠されがちです。しかも築20年以上の物件は、バブル期の「なんでも売れるから建ててしまえ」という勢いで建築されたものが多いという特徴があります。広さは16㎡程度と狭く、バス、トイレ、洗面台が一緒になったいわゆる3点セットの物件ばかり。最近の郊外などの1K物件は25㎡前後が主流ですから、間取りからしてかなうはずがありません。「古い物件でも家賃を下げれば大丈夫」というのはとっくの昔の話で、現実にはどんなに家賃を下げても空室が埋まらない物件が続出しています。

その証拠に賃貸住宅の空室率は年々上昇しています。例えば、首都圏の２０１６年11月と２０１８年10月の空室率を比較すると次のような状況です。

東京都　：11・5％→13・44％
神奈川県：15・38％→16・55％
埼玉県　：17・71％→16・62％
千葉県　：15・5％→16・23％

出典：『賃貸住宅市場レポート（２０１８年12月）』（株式会社タス）

埼玉県のみ若干改善していますが、それでも16％強。決してよい数字ではありません。地方に比べて安定した賃貸経営が行えるといわれる首都圏でさえ、空室率は上昇しているのです。特に木造・軽量鉄骨造アパートは事態が深刻で、例えば神奈川県の場合は、空室率が41％を超えています。

今後は人口減がさらに進行するので、入居者探しはより困難を極めるはずです。

このような事態に対応するために一括借り上げ契約がある、と思うかもしれません。しかしこの契約が成り立つのは、あくまで管理会社も利益が確保できることが前提です。そのため、周辺地域の家賃値下げが激化すれば契約更新ごとに一括借り上げの家賃も下げられてしまいます。その結果、キャッシュフローがマイナスになり、赤字経営を続けているオーナーが年々激増しているのです。

また、古い物件は、突然の不具合にも手を焼きがちです。例えば、私たちのお客様でこういった事例がありました。

ある40代会社員のお客様が、数年前に初めて投資用の賃貸物件を購入したときの話です。その物件は、築34年のオーナーチェンジ物件でした。最寄りの駅から徒歩5分と立地がよく、購入時は満室だったにもかかわらず、比較的安価だったので室内も確認せず契約。すると2カ月後に16年間住み続けた入居者が退去しました。

そこで、管理会社から新しい入居者を迎えるためにリフォームを提案され、金額を確認したところ、壁紙や床材の総張り替え、給湯器とガスコンロの交換などで60万円とのこと。お客様は「そんなにかかるのか⁉」と驚きながらも支払いました。

すると今度は1カ月後に入居者から管理会社経由でクーラーが壊れたという連絡が入りました。すぐに修理の手配を依頼しましたが、20年以上前の窓設置型で部品がないことが判明。ならば新品のエアコンに交換しようとしましたが、そもそも壁付けのエアコンの設置を想定していない建物だったので、室外機の置き場を確定するのに約1週間かかりました。

入居者はその間は猛暑でいられないと、ホテル滞在を希望。その代金数万円はお客様が負担することになりました。

古い物件は、いつこのようなトラブルに見舞われるか分かりません。

では、古い物件を売って新築を買えばいい、という意見もあります。確かに大手販売会社を中心に、まだまだ供給の手を緩めていないところは存在しています。ローン金利も、借りられればという条件付きですが、この先も低水準が続くでしょう。

ところが、都内や首都圏の好立地の地価はすでに上昇へ転じています。例えば、2018年9月に発表された埼玉県の基準地価の商業地は、5年連続でプラス。住宅地も2年連続でプラスとなり、特に都心から離れた地点で高い伸び率となりました。

私たちの会社がある埼玉県東松山市の住宅地では、前年比７％の伸びを示した地点もあります。

人口減、さらにシェアハウス問題などで融資条件が厳しくなっている昨今に、地価が上がった物件を購入するのは賢い選択といえるのでしょうか。

これから物件数が増えていけば、入居者獲得競争はさらに激化するのは火を見るよりも明らかです。

家賃を維持するためには積極的にリフォームを行わなければならないでしょう。しかし、多くの投資家は毎月ぎりぎりのキャッシュフローのはず。少しでも出費は避けたい。ならばと家賃を下げて入居率を上げようとした場合、モラルが低い入居者も集まるので、周辺住民からのクレームや家賃の滞納などに悩まされる可能性が高まります。

その上、最近の入居者募集の際には、仲介会社から広告料を求められることが多くなっています。相場は家賃１～２カ月分といったところでしょうか。

これに加えて入居希望者から１～２カ月分のフリーレントなどを求められたら、本当に旨味のない商売となってしまいます。

アパート・マンション投資の市場は、このように八方塞がり状態なので、私たちの会社には「どうか物件を買ってほしい」という人が駆け込んできます。その多くが「他社へ管理を任せていたら、1年以上入居率2～3割のまま。だから仕事をしていても、家でご飯を食べていても頭の中では空室のことばかり考えている。もうこんな生活は耐えられない」というケースです。

また、「管理会社を4～5社変えたが、空室は埋まらないまま」という管理会社ジプシーのような人も少なくありません。

このような状態で売りに出される物件は、当然ながら買い叩かれます。では、掘り出し物として市場に出るのか、といえばそうではないのが現実です。

例えば、築古アパートで満室時の年間家賃収入が1000万円だとして、業者へ5000万円で売るとします。つまり利回りは20％です。

これを業者は、ネットワークのある同業者へ利回り15％で転売します。そして、同業者は新たな投資家へ利回り10％で売るのです。要するに掘り出し物として買えたのは業者だけ。

不動産投資は、ババ抜きです。しかもババをつかまされるのは、いつも知識の少ない一般投資家なのです。特に最近は投資物件が余りに余っているので、このように投げ売りされるババ物件がどんどん増えています。

「そんな状態になるくらいなら、更地にして売ってしまおう」という考えもあります。しかし、更地にするには現在の入居者に退去してもらわなければなりません。その際、交渉が決裂して１００万円単位を請求されることもあります。３人いれば３００万円以上の出費です。

さらに、建物を解体する際は、たとえ木造でも坪３万円くらいかかります。延床面積50坪なら１５０万円です。退去費用を合わせると約４５０万円。この多額の出費に耐えられる一般投資家はかなりの少数派ではないでしょうか。

アパート・マンション投資の出口戦略は、我々プロでも非常に難しいといえます。ましてこの大空室時代。それでも新規参入する旨味はあるのでしょうか。

コインパーキング市場の現状

コインパーキングも、手放しで行える投資として知られています。

しかも建物を建てる必要がないので、アパート・マンション投資よりも初期投資が少なくて済むというメリットもあります。

さらに、空き家を解体して整備する場合でも、コインパーキングの運営会社との契約次第では、解体費用や機械代など全ての初期投資を負担しないで済む方法もあります。

また、こちらも賃貸物件同様に運営会社と一括借り上げ契約を締結すれば、日々のメンテナンスをする必要はなくなり、毎月の売上も安定して入ってきます。

私たちの会社も、まさに理想の投資先だと思い、約15年前にこの事業に参入しました。

きっかけは、当時駅前で管理していた１００台規模の月極駐車場を他社に奪われたことでした。ある日突然、オーナーから電話があり、「管理を他社に変えたい」と言われたのです。

当時の担当者は、慌ててオーナー宅へ話を聞きに行きました。すると「月極だと空きスペースが出ればその分の収入はなくなる。だから毎月空きが出ないか冷や冷やしている。しかし、今回管理してくれるコインパーキングの運営会社は、一括借り上げをしてくれるので安心できる。だから変えたい」ということでした。

この理由に私たちは返す言葉がありませんでした。しかし、同時に「これからは月極ではなく、日銭が稼げるコインパーキングの時代だ」と感じたのです。

このような経緯で、現在は6カ所、169台分のコインパーキングを管理・運営しています。

ところが、コインパーキング市場も、すでに飽和状態です。皆さんも駅前だけでなく、住宅街にも乱立する駐車場に気づいているのではないでしょうか。

実際にコインパーキングは急増しています。国土交通省の『駐車施策の最近の動向』を見ると、2007年のコインパーキング車室数は約69万室でした。それが2011年には約91万室になり、2015年には約118万室と8年間で約1・7倍に膨れ上がっています。その間の自動車保有台数は約8000万台でほとんど変化がありません。

車の数は増えていないのに、パーキングの数は急増している。明らかに需要と供給のバランスが崩れているのです。

このことを私たちは実体験として痛切に感じています。一例を挙げると、管理をしているコインパーキングは、30台収容可能という比較的大規模にもかかわらず、駅から徒歩1分という好立地。周辺相場通りの12時間500円という価格設定で、いつも満車状態でした。

ところが4年ほど前、近くに他社のコインパーキングができました。価格は12時間400円。こうなったら私たちも価格を下げるしかありません。

そして、その後も毎年1~2件の割合で周辺にコインパーキングが増えていったのです。主な理由は、共働き世帯の増加でした。駅から徒歩圏外の世帯でも働く女性が増え、子どもを幼稚園・保育園に送った後に駅の近くのパーキングに車を停めて通勤しているのです。

しかも、これらを日常的に利用する人たちは、価格に非常にシビアです。駅から徒歩1分で500円と2分で400円なら400円の方を選ぶのです。

通勤用にコインパーキングのニーズが高まる➡パーキングが増える。この流れに比例して駐車料金は、どんどん下がっていきました。5年前まで12時間500円だったものが、現在は300円。回転率は変化しないので、売上は6割になってしまいました。

それでも地主の場合は、土地代がかかっていないので、なんとかやっていけるかもしれません。しかし、皆さんの多くは、投資家または会社の経営者として新たな投資先を探しているので土地は所有していないでしょう。

私たちは、土地から購入した投資目的のコインパーキングも経営していますが、平均利回りは4%程度です。この数字では旨味はありません。

しかも現在、賃貸物件投資において大きな壁となっている融資審査は、コインパーキングではさらに厳しい状況です。賃貸物件の場合は、がんばって探せば新築で利回り7%以上、中古で10%以上の物件をなんとか見つけることができます。しかし、コインパーキングでこの数字はあり得ません。つまり、投入資金の回収期間がより長くなります。そのため金融機関は融資に前向きになれないのです。それでも私たちは、どうにか融資を受けることができました。キャッシュフローはこのようなイメージです。

・融資金額　：１億円
・融資期間　：９年
・金利　　　：１・７％
・返済期間　：９年
・月々の返済額：約１００万円
・平均月間売上：35万円

このようなキャッシュフローなので、毎月65万円の赤字になります。しかしながら「月々65万円の9年払い（総額７０２０万円）で1億円の物件が買える」という目論見で投資をしているのです。

このような余裕のある方法は、ある程度の規模がある企業でなければできませんし、そもそも金融機関が融資をしてくれることは、ほとんどないでしょう。

そしてコインパーキングは、節税対策としても不利です。賃貸物件では、小規模住宅用地の特例を利用して土地の固定資産税を２００㎡まで6分の1、２００㎡を超える部分に対しては3分の1に軽減する、という節税対策ができますが、コインパーキングでは軽減措置はないからです。

コインパーキング投資で満足しているのは、ほとんどが地主です。「コインパーキングにしなくても十分な収入がある。でも、更地にしておくと草刈などが面倒だから」といった感覚なのです。

また、世論もこれ以上コインパーキングが増えることを望まない傾向があります。コインパーキングが増えている理由の一つとして通勤に利用されている、と書きましたが、その他にも「都市のスポンジ化」があります。これは日本の人口減に伴い空き家が増加し、都市部を中心に穴が開くように使用していない土地が目立つようになっている状態のことです。

本来、生活に便利なインフラや商業施設などが整っている都市部に、複数の未使用地ができると、街の利便性が低下し、行政サービスの効率も悪化します。そして地域の活気が失われていくのです。

この未使用地が、前述の「手軽に始められる」といった理由でコインパーキングになっている例が増加しています。

人や交通の流れを考慮せずに無秩序につくられた小規模なコインパーキングは、地域の活性化にあまり貢献できません。むしろ、車の出入りが激しくなることで、地域住民から嫌がられることもあります。

つまり、コインパーキング投資に対しては、「高い利回りは期待できない」「世論からも歓迎されない」といった逆風が吹いているといえます。

トランクルーム市場の現状

トランクルームとは、家具や趣味で集めた品、車用品、書籍など普段は使わないが捨てたくはない、といったものを一時的に保管しておく有料スペースです。

最近はインターネット通販などの普及でさまざまな商品を手軽に買えるようになりました。その結果、家に収納し切れないものが散らかって困る、といった人が増えてニーズが高まっています。

一般的に自宅外の保管スペースのことをトランクルームと呼んでいますが、厳密に言うと3種類に分かれます。

1. 野外コンテナ

幹線道路沿いなどの空地にコンテナを設置して営業しているものです。皆さんが最も目にする機会が多いタイプでしょう。24時間利用可能な手軽さが人気です。

2. レンタル収納スペース

マンションの1室など屋内のスペースを利用するものです。こちらも物件によっては24時間利用可能です。

3. トランクルーム

主に倉庫業者が運営するタイプです。倉庫内のスペースを活用するもので、多くはスタッフが常駐し、利用時間が限定される場合があります。

今回、紹介するのは「1」の野外コンテナタイプです。その理由は無人営業が可能で、マンションや倉庫を借りる手間がない、手放し経営が可能だからです。

前述のようにトランクルームのニーズは高まっています。しかも、今後さらに普及するであろうインターネット通販や単身世帯の増加によって、より市場の拡大が期待できます。

しかも、賃貸経営のように借地借家法とは関係ないので、立ち退きの問題もありません。

さらに、空き家が増加している昨今では、「コインパーキングには狭い」「飲食店向きの立地ではない」といった他の事業では活用しづらいトランクルーム向きの土地が目立ち始めています。

まさにこれから期待できる業種といえるでしょう。

私たちの会社も、そこを見込んで参入し、現在27カ所815室のトランクルーム（野外コンテナタイプ）を経営しています。その経験から、一般的な投資家が成功するには次のような数多くのハードルがあることが分かりました。

・認知されにくい

皆さんの中でも「トランクルームは見たことはあるけど、どこにあったか思い出せない」という人は多いのではないでしょうか。

このような例からも分かるように、トランクルームの存在を広く認知させるには時間がかかります。規模にもよりますが、満室にするには2~3年かかるでしょう。「ならば広告を」と思うかもしれませんが、今のところ賃貸物件のように誰もが知るポータルサイトはありません。そのため、自費でホームページなどを作成しＳＥＯ対策を万全に行う必要があります。

ところが、トランクルームの利用料金の相場は、０・５帖で月々４０００円前後（地域による）と賃貸物件に比べて圧倒的に安価です。広告費の捻出は、ある程度の資金力がある企業でない限り難しいでしょう。

結局は、現場に設置した看板に頼らざるを得ないのが現状です。

・利益率が悪い

前述のようにトランクルームの利用料は、比較的安価です。仮にローンを利用して土地を買って営業を開始し、中規模木造アパート並みの年間２００万円の利益を出そうとすれば、おそらく80~１００室は必要です。この規模のトランクルームを購入するならば、土地と設備を合わせて８０００万円から1億円は必要でしょう。そこまで費やして挑戦する価値があるのか考えものです。

・管理会社が見つかりにくい

本書で紹介する事業の大前提は「手放し経営」です。従って、トランクルームも敷地内のメンテナンスから利用者募集、集金まで全ての業務は管理会社に任せたいところです。ところが、その管理会社を見つけるのが難しいのです。理由は客単価が低い割に手間がかかるから。有名ポータルサイトがないので利用者の募集は困難ですし、中には荷物を置いたまま音信不通になる人もいるのでそうなった場合は、持ち主を探さなければなりません。つまり、管理会社にとっては割に合わない仕事なのです。

・建築許可を得るのに手間がかかる

多くの人にとって野外コンテナタイプのトランクルームは、「空き地にコンテナを置いただけの施設」でしょう。

しかし、実はトランクルームのコンテナは、法的に建築物扱いとなります。そのため、しっかりと基礎を造って固定しなければなりません。

さらに積み上げて設置する場合は、倒壊防止の金具による連結も必要です。

また、このような設備工事の図面を作成し、避難経路も確保して、建築確認申請をしなければ建築の許可は下りません。

一般の投資家にとってこれは非常に手間も費用もかかる作業です。

中にはこの手続きをせずに、無許可でコンテナを置いただけの施設もあります。しかし、それは違法なので見つかれば当然、罰せられます。

実際に建築確認申請を行わずに建築工事を行ったコンテナ二段積みのトランクルームが、県から使用禁止の命令を受けて撤去した事例もあります。

・融資を利用するのが難しい

トランクルームは、月々の利用料を得るというところからアパート・マンション投資と非常によく似たビジネスモデルです。そのため、かつては開業資金を融資で賄う例が多々ありました。

ところが、現在の金融機関の姿勢はアパート・マンション投資と同等に厳しいものになっています。土地から購入する場合は、利回り８％前後がないと審査の対象になりません。一般的なケースでは、６％前後がほとんどなので、よほど掘り出し物の土地が見つからない限り融資を利用するのは難しいでしょう。

以上のことから、普段、本業に忙しい皆さんの次の投資先探しは八方塞がりの状態ではないでしょうか。

第2章

手間いらずで利回り20％も狙える！魅惑のコインランドリー投資とは

高利回りを実現するコインランドリー投資とは

アパート・マンション投資もダメ。コインパーキング投資もダメ。トランクルーム投資もダメ。でも、手放し経営で資産を増やしたい……。

一体どうすればいいのでしょう。

私はその回答としてコインランドリー投資をお勧めします。

コインランドリー投資は「手放し経営」「融資による資金調達」といったアパート・マンション投資とほぼ同じスキームで行えます。毎日、本業で忙しい投資家でも安心して経営でき、開業資金は金融機関が融資してくれるのでレバレッジ効果も狙えるのです。

しかも、やり方次第でアパート・マンション投資よりも赤字になる可能性が極めて低く、それどころか利回り20％も実現可能です。

「そんな虫のいい話があるか。あのコインランドリーで⁉」

と思うかもしれません。確かに、かつてのコインランドリーは、アパートに洗濯機がない男性が行く「汚い」「暗い」「狭い」場所でした。しかし、今は違います。あるコインランドリー機器メーカーの調査では、コインランドリー利用者の約7割が主婦なのです。

つまり、現在のコインランドリーのメインターゲットは女性です。そのため、流行っている店の多くは、「清潔」「明るい」「広々」とした空間になっています。

なぜ、そのように変化したのか。その理由と投資対象としての魅力を次項以降で説明しましょう。

急成長を続けるコインランドリー市場の背景

現在、コインランドリー市場は急激に成長しています。厚生労働省の『コインオペレーションクリーニング営業施設に関する調査（施設数）』によると、1999年度に1万1843件だったコインランドリーは、14年後の2013年には1万6693件に達しました。その後も成長は続いており、2017年度は2万件を超える見込みです。

また、2017年11月8日付の『日経ＭＪ』では、2016年度のコインランドリーの

【図表1】コインランドリーの施設数

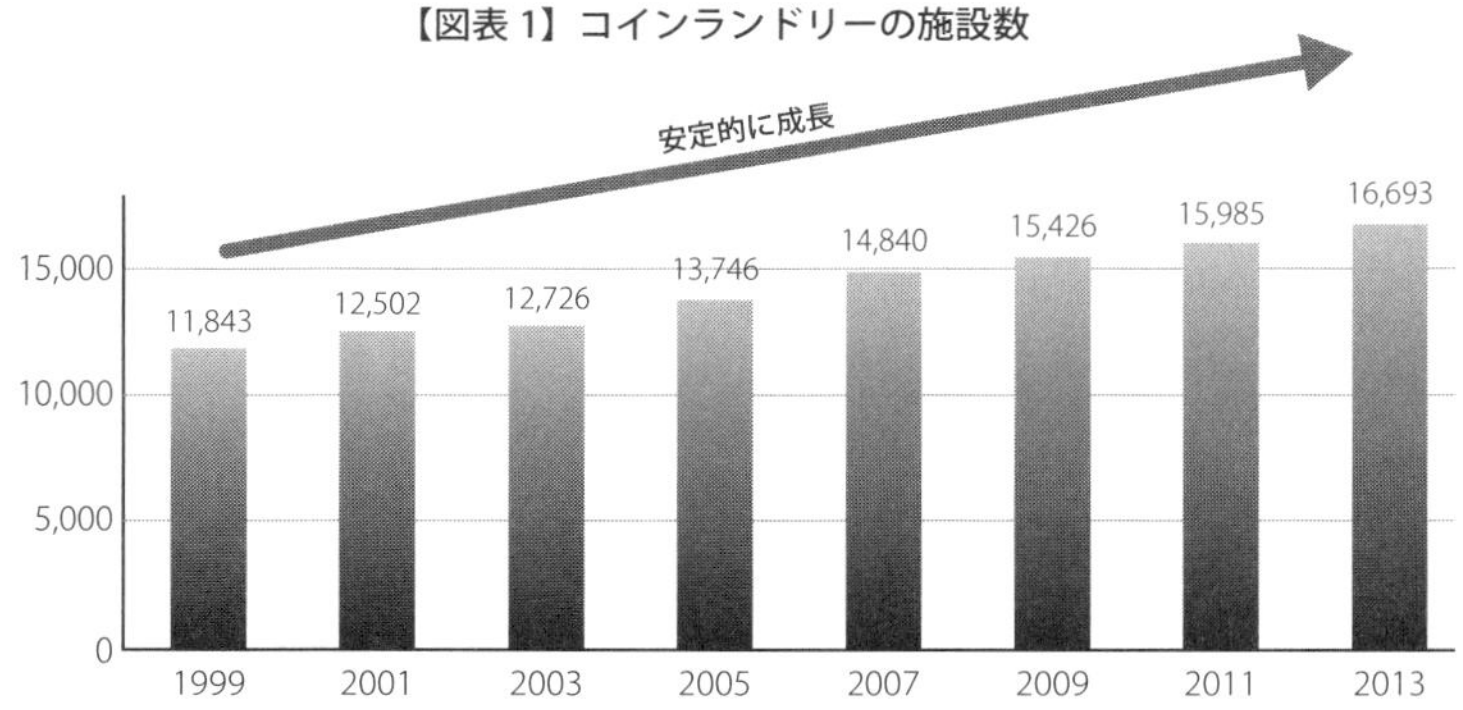

出典：厚生労働省
『コインオペレーションクリーニング営業施設に関する調査（施設数）』（2014）

売上高が44・５％伸びたと報じています。

この急成長の背景にはさまざまなことがあります。主なものとしては次の三つのことが考えられるでしょう。

1．共働き世帯の増加

１９８０年以降、共働き世帯は年々増加し、１９９７年には専業主婦世帯の数を上回りました。そして２０１７年の共働き世帯数は１１８８万世帯と、６４１万世帯の専業主婦世帯を大きく上回っています（出典：独立行政法人 労働政策研究・研修機構）。

その背景には、経済的な理由だけではなく私

【図表2】コインランドリー利用者数

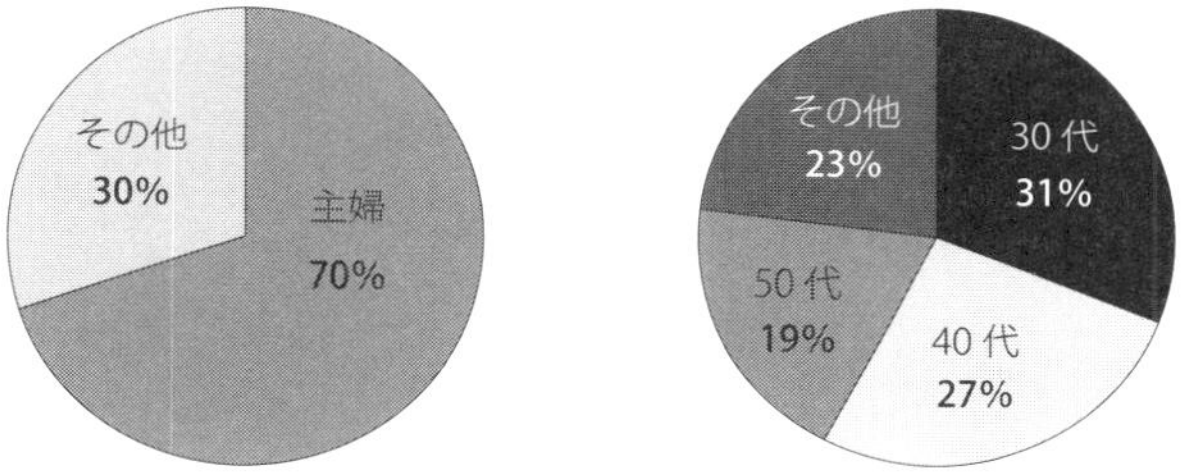

たちの意識の変化も大きく関与しています。『男女共同参画白書平成28年版』（内閣府）によると、「夫は外で働き、妻は家庭を守るべきである」に賛成の人は、１９７９年時点は男性35・１％、女性29・１％でした。ところが２０１４年には男性14・２％、女性11・２％にまで減少しています。

また、あるコインランドリー機器メーカーの利用者年齢層調査では、１位30代（31％）、２位40代（27％）、３位50代（19％）でした。つまり、子育て世代が約８割を占めるということです。

さらに、前述のように利用者の約７割は主婦。これらのことからコインランドリーを利用する人の多くは、働くママだということが分かります。

あるコンサルティング会社の試算によると、２０１４年か

【図表3】専業主婦世帯と共働き世帯

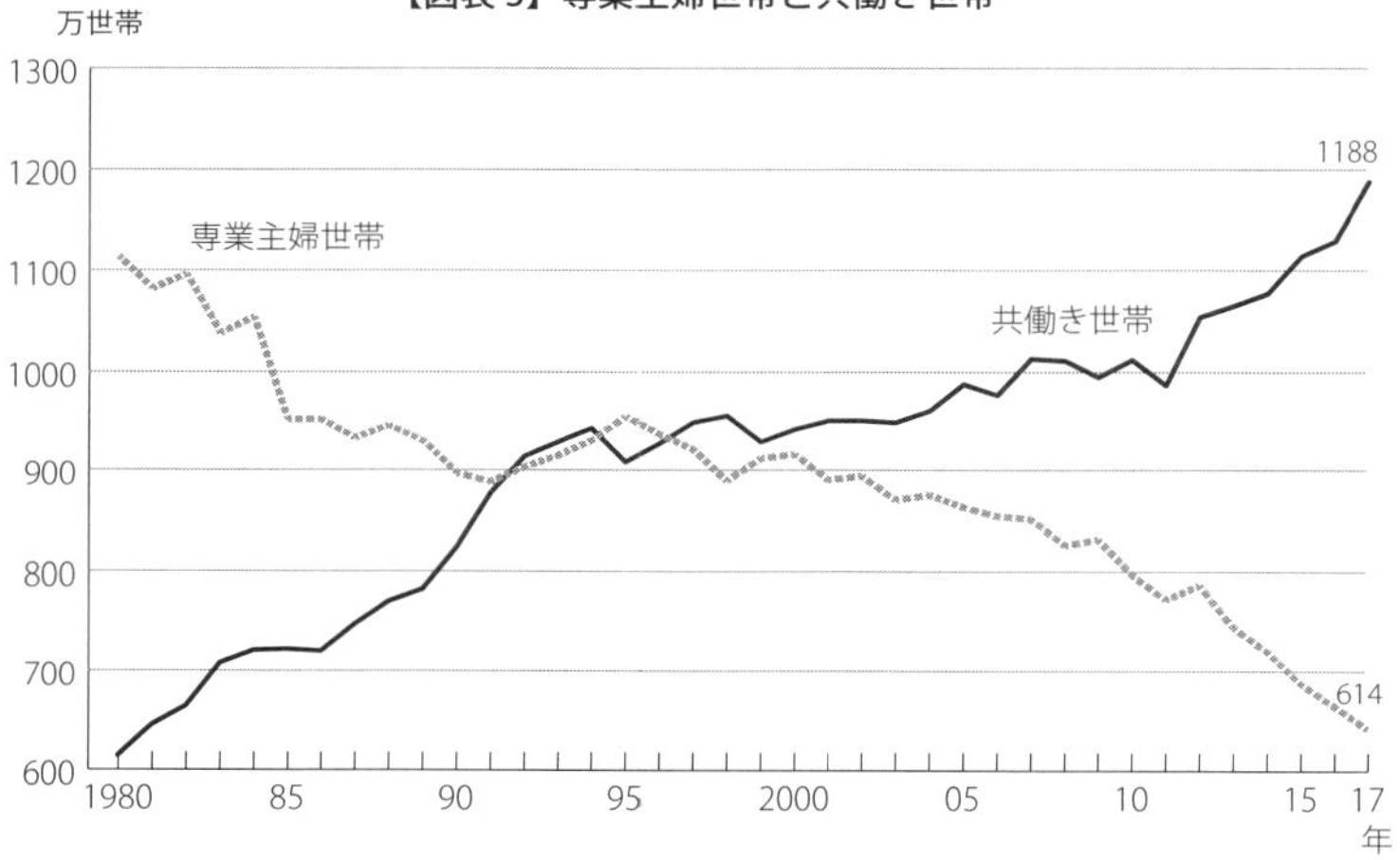

出典：独立行政法人 労働政策研究・研修機構

ら2016年の3年間で増えた共働き世帯の所得は約9000億円。そのうち2000億円は消費に回っています。

このように所得が大きく増加した背景には、1990年代まで主流であった夫の収入を補うために主婦がパートで働く、というよりも、女性の社会進出を後押しする政府の働き方改革があるでしょう。夫婦ともに正社員としてフルタイムで働く世帯が増えているのです。

月曜から金曜までフルタイムで働けば、家事は土曜・日曜にまとめてするしかありません。しかし、子育て世代の洗濯物は大量です。一般的な家庭用洗濯機の容量は７kg前後ですから、１日で終わらせようとすれば洗濯機を４~５回回さなければならないでしょう。これはかなりの重労働です。さらに、それを全て干し終わるころには日が傾いてしまうこともあるはずです。

一方でコインランドリーの業務用洗濯乾燥機の容量は最大35kgあります。これを利用すれば、洗濯から乾燥まで一気に片づいてしまいます。

このことからコインランドリーは、働くママたちの時短家事にとって、なくてはならない施設になりつつあるのです。

2．花粉やダニによるアレルギー症状に悩む人の増加

日本は今、花粉によるアレルギー症状に悩む人が増え続けています。厚生労働省の『アレルギー疾患の現状等』で確認すると、アレルギー性鼻炎（花粉によるものを含む）で継続的に医療を受けている人の数は２００２年の時点では約40万人でしたが、２０１４年には約65万人と約１・６倍に増加しました。

これは、あくまでアレルギー性鼻炎で医療を受けている人に限った人数で、その他の疾

患や医療を受けていない人も含めると、日本人の約２人に１人が何らかのアレルギー疾患を持っているといわれています。

また、アレルギー症状の原因物質には、花粉の他にダニなどもあります。ダニがついた衣類は、家の洗濯機で洗えば落ちると思うかもしれません。しかし、専門家によるとダニは環境の変化に強く、酸素が少なくても生きていけるそうです。そのため洗剤液の中に沈めて2時間経っても死にません。

ところがダニは60℃の熱に当てれば、ほぼ瞬時に死滅します。

そこでコインランドリーです。家庭用の電気ではなく強力なガスを使用するコインランドリーの乾燥機の温度は約70℃。手軽で非常に有効なダニ対策となります。

しかも、衣類だけでなく、生地が厚い分よりダニの巣となりやすい羽毛布団やカーペットも、コインランドリーで洗濯・乾燥すればダニを退治できます。

アレルギー疾患の症状軽減や予防のためには、花粉が飛散する季節に洗濯物を外に干すのは厳禁です。また、ダニの心配は一年中といえるでしょう。ですから、大量の洗濯物を一度に高温で乾かせるコインランドリーに注目が集まっているのです。

ちなみに花粉の飛散や雨の多い季節は、洗濯は家でやり、乾燥だけコインランドリーで行う人が増えています。

3. 日本の降水量の増加

ここ数年で「ゲリラ豪雨」という言葉が一般化しました。実際に日本の降水量は増加しています。

気象庁のデータによると、1時間当たり50㎜以上の「非常に激しい雨」はここ30年で1・3倍に増えています。

また、1時間当たり80㎜以上の「猛烈な雨」はここ30年で1・7倍に増加しています。

IPCC（国連気候変動に関する政府間パネル）によると、降水量が増えている原因は、地球温暖化や世界の水環境の変化、雪氷の減少などがあり、今後も世界的に大雨の頻度が増加する可能性が非常に高い、としています。

雨の日が増えれば、当然洗濯物を外で干せる日は減ります。地球環境にとっては見過ごすことのできない傾向ですが、これによってコインランドリーのニーズは、今後、ますます高まっていくはずです。

流行に火がつくのは時間の問題

このように、コインランドリーは時代から求められています。にもかかわらず、日本人でコインランドリーを利用したことのある人の割合は、わずか5%と言われています。欧米諸国が20%を超えていると言われているので、まだまだ普及の余地があります。

これは日本の洗濯労働市場の規模を見てもよく分かります。同市場規模は約5・2兆円といわれ、そのうちの4・7兆円（90%）は家事での洗濯、つまり無償労働です。残る約4000億円（8%）がクリーニング市場で、コインランドリー市場は約1000億円。たった2%しかありません。とは言え、家事は前述のようにお金を費やしてでも時短にしたい時代です。そしてクリーニング市場は、1992年には約5万施設ありましたが、2017年には約2万3500施設と半数以下になっています。これは高いお金を払ってクリーニングに出すのではなく、できるだけ自分で洗濯をしたいという人が増えている証拠でしょう。まさに、これからがコインランドリーの時代と言えるのです。

コインランドリーのようなサービスや商品が普及していく傾向を予測する目安に、イノベーター理論というものがあります。これは１９６２年にスタンフォード大学（アメリカ）のエベレット・Ｍ・ロジャース教授が提唱したもので、新商品やサービスを導入した際の人間の対応を次の五つに分類する理論です。

1．イノベーター（全体の2・5%）

新しいものを積極的に試してみる革新者とも呼ばれるグループです。スマートフォンが出たときにすぐに購入したような人たちです。

2．アーリーアダプター（全体の13・5%）

イノベーターほどではありませんが流行に敏感で、積極的に最新情報を収集して自分の価値基準で新しいものを取り入れるグループです。この中にはインフルエンサーが多く、ときには他の人たちの消費活動に大きな影響を与えます。

3. アーリーマジョリティ（全体の34%）

新しいものに対して基本的に慎重なグループです。周りや世間の様子をよく分析してから新しいものを取り入れます。

4. レイトマジョリティ（全体の34%）

アーリーマジョリティーよりも慎重で、疑り深い傾向があります。周りのほとんどの人が利用しているのを確かめてから新しいものを試します。

5. ラガード（全体の16%）

流行にほとんど左右されず、自分の価値判断のみで商品やサービスを選択する人たちのグループです。例えばいまだにスマートフォンを使用しない人もこのグループに入るでしょう。

新しいサービスや商品は、基本的にイノベーターからラガードへと普及していきます。そしてロジャース教授は、イノベーター（2・5%）とアーリアダプター（13・5%）を足した16%のラインが非常に重要だと論じました。普及率が16%を超えるとブームとなり、爆発的に利用する人が増える傾向があるからです。

日本のコインランドリーの普及率（利用率）は、まだ5%程度。やっと流行に敏感なアーリーアダプターが利用し始めたばかりといったところです。しかし、このアーリーアダプターには、SNSなどで情報を拡散してくれるインフルエンサーも多数存在します。この人たちがコインランドリー人気に火をつけてくれるのは時間の問題でしょう。

圧倒的トップランナー不在のブルーオーシャン市場

社会の状況や地球環境などが求めているにもかかわらず、今のところ十分に普及していないコインランドリー。これだけ好条件が揃った投資先はなかなかありません。

しかも、他にも非常に重要な好条件が存在しています。それはオーナー自身がほとんど

【図表4】人がいらない現金商売
通常ビジネスとコインランドリー事業

課題	通常のビジネス	コインランドリー
営業活動	必要	なし
売掛金回収	必要（貸し倒れリスク）	なし（現金）
スタッフの雇用・教育	必要	ほとんどなし
運転資金	必要	なし
在庫	必要	なし
初期投資	必要	必要
競合他社	あり	あり
収益の種類	労働収入	不労収入

動かなくてよい上に強力なライバルが不在ということです。

コインランドリーは、基本的に常駐スタッフは必要ありません。なぜなら、お客様が機械にお金を入れれば自動で洗濯や乾燥をしてくれるからです。しかもその機械自体も稼働率は12％から16％程度。「いつのぞいても人がいない」と思えるのは、そのためです。

詳しくは第6章で説明しますが、それでも月間120万円の売上と、利回り20％が期待できます。

つまり図表4を見れば分かるように他のビジネスに比べて圧倒的に手間がかからないのです。

営業活動必要なし。売掛金回収必要なし。スタッフの雇用・教育必要なし。在庫管理必要なし。運転資金必要なし。

一般的なビジネスで障害となるほとんどのことが必要ないのです。ただし、店舗の清掃や機械からの集金など日常の細々とした作業は必要です。これは専門業者に任せればいいので、詳しくは第7章で解説します。

これほど条件のいいビジネスは、他にアパート・マンション投資くらいしかないでしょう。それなのにアパート・マンション投資より圧倒的に高利回りが期待できます。

そして強力なライバル不在に関しては、まず代表的なフランチャイズ例としてコンビニエンスストアのシェア（店舗数）を見てみましょう。

ユニー・ファミリーマートホールディングス競合レポートによると、２０１８年時点での店舗数のシェアは次のようになっています。

セブン‐イレブン　：34・7％
ファミリーマート　：26・9％
ローソン　：23・9％

サークルKサンクス：2・6％
その他　　　　　　：11・9％

上位4社で約9割を占めているのです。この状態から新規参入してトップシェアを獲得するには、途方もない巨大な資本と世界レベルのノウハウが必要でしょう。とても現実的ではありません。

一方でコインランドリーの上位4社はこのようなシェア（店舗数・2017年）になっています。

A社　：約2・2％
B社　：約1・8％
C社　：約1・1％
D社　：約1％
その他：93・9％

トップ４を全て足しても全体の１割にもなりません。つまり、圧倒的競合が存在していないのがコインランドリー市場なのです。従ってやり方次第では、たとえ中小企業であってもトップシェアを狙える＝市場の決定権を握れる状態です。

「時代が求めている」「まだまだ伸びしろがある」。それにもかかわらず「参入障壁が低い」「圧倒的競合が不在」。コインランドリーは、近年まれに見るブルーオーシャン市場と言えるでしょう。

相続（争続）対策としても有効な手段

コインランドリーは相続対策としても有効な手段です。

皆さんの中には、資産運用だけでなく相続税対策のためにもアパート・マンション投資を行っている人も多いと思います。

確かに投資用アパート・マンションを所有することは、節税に大変有効です。その理由は、ご存じかもしれませんが、ここでおさらいしておきましょう。
2015年1月、相続税に対する基礎控除額が以下のように引き下げられました。

改正前
5000万円+1000万円×法定相続人の数

改正後
3000万円+600万円×法定相続人の数

(例) 遺産総額が8000万円で、相続人が妻と子ども2人の合計3人だった場合

【改正前の基礎控除額】
5000万円+1000万円×3人=8000万円
遺産総額8000万円-基礎控除額8000万円=0円
↓相続税は発生しない。

【改正後の基礎控除額】
３０００万円＋６００万円×３人＝４８００万円
遺産総額８０００万円－基礎控除額４８００万円＝３２００万円
↓３２００万円に対して相続税がかかる。

この改正によって課税対象者が大幅に増えてしまったのです。

その対策とされているのが「相続した事業の用や居住の用の宅地等の価額の特例」（小規模宅地等の特例）です。これは被相続人の宅地や賃貸住宅用地、事業用地に対しての評価額を上限面積分まで50～80％減額するものです。

減額の対象となるのは、被相続人の自宅用（特定居住用宅地等）または、会社などの事業用（貸付事業用宅地、特定事業用宅地等）の土地です。

なお、相続開始前3年以内に贈与により取得した土地や相続時精算課税に係る贈与によって取得した土地は、この特例に適用できません。

これらの相続人になるには、元々被相続人と同居していたり、事業を引き継いでいたりといった条件があります。すでに自宅を購入している方や他社のサラリーマンを続けようとする人には当てはまりません。

アパート・マンション用地の場合は、この貸付事業用宅地と見なされ、200㎡まで相続税評価額が50％減額されます。

例えば、前述の資産8000万円のうち5000万円分が200㎡以下のアパートが立っている土地だったとすると以下のようになります。

5000万円×50％＝2500万円（「小規模宅地等の特例」による減額）

土地の評価額2500万円＋その他の遺産額3000万円＝5500万円

5500万円－基礎控除額4800万円＝700万円

つまり、3200万円だった相続税の課税対象額が、700万円になるのです。この節税効果を期待して、多くの資産家が賃貸住宅へ投資しました。

ところが、コインランドリーへの投資は、さらに大きな節税効果があります。なぜならコインランドリーとして使用される土地は、特定事業用宅地等に当てはまるからです。

特定事業用宅地等を相続する場合は、４００㎡まで評価額が80％減額されます。従って、前述の資産８０００万円のうち５０００万円分が４００㎡以下のコインランドリー用地だったとすると、納税額は次のようになります。

５０００万円×20％＝１０００万円（「小規模宅地等の特例」による減額）
土地の評価額１０００万円＋その他の遺産額３０００万円＝４０００万円
４０００万円＜基礎控除額４８００万円

要するに相続税を納税する必要はなくなります。

このようにコインランドリーへの投資は、賃貸住宅以上の節税効果を生むのです。

また、子どもが複数いる場合などの相続は、いかに円満に資産を分割するかが大きな問

【図表5】相続税の評価方法

区分	内容	相続する人	相続税評価額	上限面積
特定事業用宅地等	会社・工場の土地（コインランドリー含む）	事業を引き継ぐ親族	80%減	400㎡
特定居住用宅地等	自宅の宅地	・配偶者 ・同族または生計を一にしていた親族 ・持ち家なしの別居親族	80%減	330㎡
貸付事業用宅地等	アパート・駐車場の土地	事業を引き継ぐ親族	50%減	200㎡

題になるでしょう。自宅、預貯金、株式、アパート、マンション、金……。資産運用を行う際、リスクヘッジのために多様なポートフォリオを組むことは必須です。

しかし、いざ相続となるとこれが大きなネックとなります。仮に自宅を相続する場合は、相続人全員の同意がなければ売却できません。だからといって納税するためには多額の現金が必要になります。

また、たとえ時価が同じであっても「兄は現金。弟は株式」といった分割方法では、いざこざの火種となってしまいます。

このように円満な資産分割が難しいことから、相続を「争続」と書き表すこともあります。

相続を「争続」にさせない秘訣は、資産をあらかじめ相続人の数できれいに分割できるようにしておくことです。

例えば、妻と兄弟・姉妹の人数分だけコインランドリー店を経営していれば、課税対象額を小規模宅地等の特例によって圧縮できるだけでなく、きれいな資産分割が可能になります。

ただし、円満な分割のためには、事前に各相続人の希望をヒアリングし、その希望に合わせた店舗を購入する必要があります。

コインランドリー適地は余っている

コインランドリーに限らず店舗経営の成否は、立地によって大きく左右されます。そのため一般的に商売に適した土地は早い者勝ちです。その情報の多くは、広く公開されることなく人脈などによって先取りされてしまうのが実情でしょう。

しかし、コインランドリーに向いた土地に限っては、状況が大きく異なります。実はコインランドリーに最適な土地は余っているのです。

その理由は、コインランドリーに向いた土地の広さが、他の業種から見ると中途半端だからです。

詳細は第3章で説明しますが、コインランドリーに適した土地の広さは、100〜200坪です。ここに延床面積30坪前後の建物を建てると、大体6台から20台の車を駐車することができます。

昨今のコインランドリーは、前述のように1週間分の洗濯物をまとめて洗ったり、羽毛布団を洗ったりするような使い方が多いので、徒歩で来店する人はほとんどいません。つまり、駐車スペースは必須なのです。とはいえ、洗濯や乾燥を開始したら終了するまでの時間は移動して他のことをするお客様が大半なので、それほど大きな駐車場は必要ありません。6台から20台くらいがちょうどいいのでしょう。

一方で世の中の商業用地のニーズは、だんだんと大型化しています。特にコインランドリーの開業に適した郊外エリアは、スーパーとドラッグストアといった大型複合施設が増えています。

また、飲食店も大型チェーン店がメインとなり、2〜3時間は滞在する複数の女性客や高齢者の社交場となるケースが目立ちます。

そしてコンビニは、トラックや運転に慣れていない女性客でも停められやすいように余裕のある駐車場が好まれます。さらに郊外であれば外周りの営業マンや建築関係者などがゆっくりと弁当を食べるために広めの駐車場があるコンビニに人気が集中するようです。

このような大型店舗用地に適した土地の広さは、少なくても３００坪以上です。幹線道路沿いでこれくらいの広さの土地は競争が激しく、よほど地主や不動産会社との強いコネクションがない限り見つけることは難しいでしょう。運よく見つけられたとしても、人気ゆえに購入するにしても借りるにしても割高なはずです。

ところが、幸いにもコインランドリーには、それほど広い敷地は必要ありません。そしてロードサイドで立地条件はいいものの、大型店舗に向かない１００～２００坪の土地は、現在、比較的見つかりやすい状況です。

かつてこのような商業用地の多くは、個人経営の飲食店や衣料品店、小規模なコンビニなどがテナントとして入っていました。ところが、大型チェーン店の進出で売上が落ちて撤退。次のテナントを見つけても、同じ理由で再度撤退、または家賃を滞納していくケースもあるので、地主は頭を抱えています。

ならば賃貸住宅にしようと考えても、交通量の多いロードサイドは住宅地には向きません。そのため地主たちは「もう活用方法がないから売りたい」と考えているのです。

詳しくは第3章で説明しますが、コインランドリー投資を始めるのなら、融資などの理由で、土地は借りるのではなく購入するのが正解です。

開店に向いた土地が余っている。しかも借地としてではなく、売地としてという現状は非常に恵まれているといえるでしょう。

万一の際の出口戦略も容易

詳しい理由は第7章で説明しますが、私たちがお勧めするコインランドリーの開業方法は、土地を購入して建物を新築するものです。

この方法にはさまざまなメリットがあり、その一つとして出口戦略が容易だということがいえます。

コインランドリーは、間違いなく最も手堅い投資対象の一つです。しかし、１００％成功するというわけではありません。圧倒的に強力な競合店の出店や個人的な事情で撤退を決断しなければならないこともあるでしょう。

そのようなときに築浅の建物であれば、貸すにしても売却するにしても比較的容易に相手を見つけることができます。

また、内装設備が洗濯機や乾燥機といった機械だけなので、移動させてしまえばすっきり何もない空間となります。次に始める業態が何であれ、柔軟に対応できるはずです。従って自分で業態を変えて開業する場合も容易です。

そして、コインランドリー用の洗濯機や乾燥機などの機械は、中古品として売ることも可能です。実はコインランドリー市場の成長に伴いこれらの市場はかなり整備されており、きちんとした手順を踏めば買い叩かれることはほとんどありません。試しにインターネットで「コインランドリー　中古　買取」といったワードで検索してみてください。信用できそうな買い取り業者が複数見つかります。

例えば、洗濯乾燥機の中でも人気サイズである27kgモデルの新品価格は10年落ちでも購入価格の半値程度（100万円前後）で売却することも十分可能です。
また、20年落ちでも1～2割程度で売却することが可能でしょう（機種や程度による）。従って、新品価格の総額が2500万円の機械なら、20年後でも250万円から500万円の現金になるのです（撤去費除く）。

さらに、時間が経って機械としての価値がなくなったとしても、鉄やステンレスといった素材としての価値は残ります。この買取相場は大体1トンで3万円程度です。1店舗分の機械の総重量は7～8トンですから20数万円になる計算です。決して見過ごせない金額でしょう。

貸しやすいし、売りやすい。しかも土地も機械も価値が落ちにくい。このような出口戦略が容易なところもコインランドリー投資の魅力です。

開店前に押さえておきたいリスク

高利回り、成長市場、出店が容易、相続や事業継承対策にもなる。さらに出口対策も立てやすい。まさにいいこと尽くめのコインランドリー投資。

しかし、当然ながら全くリスクがないわけではありません。

最も大きなリスクは競合店の出店でしょう。これは自分ではどうしようもありません。対策としては、その商圏でベストな店舗を作ることです。どの専門家から見ても「このエリアに出店しても勝てない」と思わせるような店舗をあらかじめ作ってしまえば競合店は出店してきません。

「ベスト＝完璧」な店舗と聞くと非常にハードルが高く感じるかもしれません。確かに飲食店などの場合は、飽きられたり、味覚が人それぞれだったりで、これがベストと決めることは難しいでしょう。

しかし、コインランドリーの場合は、目的が「洗濯物がきれいになること」だけなので飽きられることはありません。

そして、ベストを決定づける項目が「駐車場の台数」「駐車のしやすさ」「機械の台数」「機械の容量」「立地」「清潔さ」など簡潔です。この項目さえ完璧であればいいのです。

特に立地は重要です。実はコインランドリーに最適な立地は非常に限られています。主な条件には次のようなものがあります。

- **主婦の方々が毎日使うスーパーなどへの通り道**
- **車が入りやすい広い間口**
- **車が6～20台駐車できる広さ**
- **反対車線からも入りやすい中央分離帯がない道路沿い**
- **街路樹や歩道橋などで看板が隠れることがない場所**

これだけの条件を満たす立地は、おそらく商圏内で数える程しかないでしょう。その上でベストな機械を揃え、清潔さを維持できれば、たとえ競合店が参入してきても負けることはありません。

逆にどれか妥協した項目があれば狙われてしまいます。マーケティングに長けた専門家であれば、あえて目の前に出店し、潰しに来るでしょう。

とは言え、それはこちらが出店する際も同じことが言えます。すでに周辺住民に認知度がある店舗の近くに、あえてベストな店を出店すれば、多額の広告費を負担しなくても最初から多くの集客を期待することができます。

なお、立地に関する詳しいことは第3章で説明します。

第3章

長期ローンが組める、利用者からの確実な支持を見込める——
コインランドリー投資はメリット尽くしの
「新築」物件で始めよう

土地を購入し、建物を新築して出店することのメリット

コインランドリーを開店する際の土地、建物、機械について考えてみましょう。

詳細は第7章で説明しますが、日々の掃除や集金などの煩わしいルーティンワークを外部に委託し、手放し経営を実現するためには、管理業務の専門業者をパートナーとして開店させる必要があります。

コインランドリーの管理を行う専門業者の多くは開業支援も行っており、スタートダッシュとともに長期的な安定経営を目指すなら出店の企画段階からこれらの業者をパートナーとするべきでしょう。

ところが、その業者のほとんどのビジネスモデルは、土地や建物を借りてテナントとして出店し、機械はリースする手法です。

これは初期費用が安く済むものの、土地、建物、機械を購入する手法と比べると圧倒的にメリットが少ないと言わざるを得ません。

さらに私は、建物は中古を購入するのではなく、新築するべきと考えています。そのメリットは次のように複数あります。

・利益が出やすい

土地付き建物を借りて、機械はリース契約を結んで開店する場合、当然のことながら毎月家賃とリース料を支払うことになります。

リースは一般的に7年契約です。月間100万円以上の売上を狙うなら、それなりの台数が必要なので、機械の合計金額は2000万円以上になるでしょう。そのリース料は月々30万円前後となるはずです。

これに我々が出店している都市近郊の相場である坪単価5000円から8000円の土地付き建物を100坪借りた場合、賃料は50万円以上かかります。

従って、賃料とリース料だけで毎月80万円の出費となってしまいます。

それにガス、水道、電気代、洗剤代なども加わるので、月に100万円の売上があったとしても利益はほとんど残りません。

一方で土地と建物を購入する場合は、詳しくは第4章で説明しますが、金融機関から融資を受けることが可能です。しかも機械代込みで、です。

融資期間は15年から20年とリース期間よりも圧倒的に長期です。加えて昨今の低金利ですから、前述と同条件の土地、建物、機械であっても月々の返済は40〜50万円に抑えられます。

つまり、「土地、建物を借りる＋機械はリース」よりも月々30万円前後の利益が上乗せできることになるのです。

なお、長期ローンを組むには建物を新築にした方が有利です。築年数が古くなればなるほど価値が下がり、それに比例して融資期間も短くなるからです。

ローン期間の一般的な上限は、木造建築の法定耐用年数である22年ですが、この期間が認められるのは、かなり属性の高い人に限られるので、ほとんどのケースで現実的ではないでしょう。

・融資を利用しやすい

「土地を買うのはハードルが高いので、機械だけでも融資で買う」と考える人もいるかもしれません。７年リースよりも長期でローンを組めるなら、キャッシュフローはより良くなります。

ところがほとんどの金融機関は機械の担保価値を認めないでしょう。従って、よほどの例外でない限り融資を受けることができないのです。

融資を受けることができなければ、ある程度の現金を用意して機械を購入するか、毎月多額のリース料を支払うしかありません。

一方で土地・建物と一緒に購入するのであれば、融資がつく可能性は格段に上がります。機械代をそのローンに組み込むことができるのです。

・最終的に自分の資産となる

借りている土地や建物は、どれだけ長期間、賃料を支払っても、自分のものにはなりません。

また、機械をリースした場合、その契約期間が終了しても、やはり自分のものにはなりません。さらに使用したければ再リース契約を結ぶことになります。

一方で土地、建物、機械を、融資を利用して購入すれば、完済後は自分の資産となります。そのまま営業を続ければ売上はまるまる自分のものとなり、売却すれば多額の現金を手にできます。さらにローンの返済は、毎月の売上で全て賄えてしまうのです。この部分はアパート・マンション投資と同じで非常に大きなリスクヘッジとなります。

・貸主に契約を拒まれることがない

賃貸の場合、契約するか否かの最終的な判断は貸主がします。その際、コインランドリーは、極まれにですが拒まれることがあります。

その主な理由は、昔ながらのイメージです。「暗い」「汚い」「狭い」といった印象に加えて、深夜まで営業することから不審者の居座りなども懸念してしまうようです。

貸主の多くは地主で、「先祖代々受け継いだ大切な土地」という強い意識があります。また、長年その場所に住んでいることから世間の目も非常に気にします。ですから必要以上に心配するのでしょう。

しかし、土地を購入してしまえば、そもそも開店を拒まれることはありません。

・貸主の都合で退去を迫られることがない

テナントとして開業している場合、その立場は借地借家法で守られています。そのため、きちんと賃料さえ支払っていれば退去を迫られることはないでしょう。

しかし、貸主に正当事由があれば別です。正当事由とは「自己使用」や「建物の老朽化」などです。例えば「貸主が災害で家を失ってしまい、貸している土地に家を建てたい」といったケースがこれに当たります。

このような貸主の都合で退去を迫られることがないことも、自己所有店舗のメリットです。

・クレームに対応した専用の建物になる

建物を新築する理由は、融資に有利だからというだけではありません。周辺住民からのクレームも格段に少なくなるのです。家庭用洗濯機の容量は、最大でも12kg程度です。機械自体の重さは50kg前後でしょう。

一方でコインランドリー用洗濯機の容量は、国内最大クラスだと35kg。そして重量は1トンを超えます。これだけの重量物が稼働すると、当然ながら大きな振動が発生します。実はコインランドリー投資においてこれが大きな悩みの種になり得ます。振動が周辺の家にまで伝わり、クレームになることが多々あるのです。

しかし、一般的なロードサイドのテナント用店舗は、当然ながらそのような振動に対応するつくりになっていないでしょう。そのことを知らずに出店し、大きなクレームになっているコインランドリーは意外に多くあります。

まして、マンションの1階などに出店した場合は、直接上の階に振動が伝わるので比較的小型の機械を導入せざるを得ません。これは大容量の機械を使いたがる昨今のお客様の傾向と逆行することになります。

この振動の根本的な解決には、コインランドリー専用の建物を新築するしかありません。床と基礎を頑丈にし、地盤の強度によっては地盤補強工事まで行って対処するのです。

また、振動と並んでありがちなクレームが建物からの排気です。

一般的な家庭用乾燥機は電気を使用しますが、コインランドリーはよりパワフルなガスを使用します。ガスの力強さがなければ羽毛布団をふわふわに乾かすことができません。

ガスの利用には、必ず排気がつきまといます。そのため、中古物件の場合もリフォームして排気口を設けます。

ところが、既存の物件の場合は、設計上の問題で最適な場所に排気口を設けるのは困難です。そのため、隣の民家の窓などに直接吹きかけるようになってしまい、大きなクレームとなることがあります。

想像してみてください。隣に突然コインランドリーができたと思ったら、毎日、夜中も振動が伝わってくる。さらに窓を開ければ生暖かい排気が吹き込んでくる……。

ほとんどの人は黙ってはいられないでしょう。10年、20年と長期間安定した営業を続けるのなら、このようなクレームの芽は最初から摘んでおくべきです。

コインランドリーを開店させるなら、建物は振動と排気を考慮するべきでしょう。

・入店しやすく、街の安全を考慮した建物になる

建物を新築するメリットには、女性が一人でも入店しやすい設計にできるということもあります。

基本的にコインランドリーには常駐スタッフはいません。また、機械の稼働率が12～16%程度なのでほとんどの時間、店内にお客様がいないことになります。

特に女性の中には、この状況では一人で店内に入るのが怖い、という人もいます。店内に不審者が潜んでいるかもしれないと考えてしまうのです。

しかし、建物をガラス張りにして外から店内の隅々まで見えるようにしてしまえば、店外から一目でどんな人がいるか分かるので、そのような心配は無用になります。

また、仮に不審者が入ろうとしても外から丸見えなので入りづらくなるでしょう。

さらに普段、街灯が少なく暗い道路沿いに、ガラス張りで夜間でも明るく外を照らす店舗があれば、周辺の防犯対策にもなり、周りの住民から喜ばれることにもなります。

このようにコインランドリー投資は、土地と建物を借りて機械はリースするより全て購

入した方が、圧倒的にメリットがあります。

では、なぜこの手法が主流ではないのでしょうか。

私は各開業支援会社の次のような都合にあると考えています。

・スピード重視

これらの会社は、とにかく早く出店数を増やしたいと考えます。数に比例してフランチャイズの加盟料が増えたり、機械が売れたりするからです。

そのため、テナント用地よりも少ない売地を探している時間はありません。仮に時間があったとしても、投資家に紹介して契約に結び付き、建物を建てるには、どんなに急いでも半年はかかってしまいます。そこまで時間をかけていては、経営が行き詰まってしまいます。

・リスクが大きい

スピードを重視するなら常に中古物件を探して購入し、同時進行で投資家を募集して再販する、という手もあります。

しかし、この方法だと、投資家はテナントとして開店するよりも費用がかかり、融資審査などに時間がかかってしまうため、スピード重視の業態には合わないでしょう。

また、もし売れ残った場合は自社の負債となってしまうのでリスクが大きすぎます。

・格安の土地を見つけることができない

土地から購入してコインランドリーを開店させるなら、少しでも多くの利益を出すために格安な土地を仕入れることが必須条件になります。

ところが、そもそも支援会社の多くは、コインランドリー投資や機械の販売などからスタートした組織です。不動産のプロ（不動産会社）ではありません。

プロならば独自のネットワークを活かして、一般の市場には出ない格安の売地を見つけ出すことができます。

また、土地の売主というものは、契約のキャンセルを極端に嫌がります。しかし、一般人を含む不動産のプロ以外は、契約条件として購入資金のローン審査が通らなかった場合はキャンセルできるとする「ローン特約」をつけたがります。一方で不動産のプロは、土地の売買に慣れていることからローン審査が通ることを確信していますし、万一、通らなかった場合でも潤沢な資金を用意しているので「ローン特約」をつけない契約にも応じることが多々あります。そのため売主はプロと契約したがる傾向があります。

このようなことから不動産のプロ以外は、相場よりも安い土地をコンスタントに仕入れることは不可能なのです。

以上のような理由でほとんどの開業支援会社は、よりメリットの多い土地の購入からの開店をやりたくてもできないというのが実状です。

それ故、投資家に対してテナントによる開店を勧めているのです。

この手法は前述のように金融機関からの融資を受けることが困難です。受けることができたとしても日本政策金融公庫など公的機関から1000万円程度を借りられるケースが大半でしょう。従って機械代にも満たないので、残りの初期費用を現金で支払うことを考えれば、よほどの資産家でない限り小規模な店舗になってしまいます。

しかし、小規模なコインランドリーに、アパート投資並みの利益は期待できないでしょう。

しかも、小規模故に、近くに大規模な競合店ができてしまえば一気に潰されてしまいます。仮に細々と営業を続けられて融資を完済できたとします。しかし、土地や建物は自分の資産にはなりません。これでアパート・マンションに代わる投資先といえるでしょうか。

こだわるべき立地条件の項目

コインランドリーを開店する土地は、借りるのではなく買うべきです。

しかし、店舗を構える土地は、ただ安ければいい、というわけにはいきません。ここは綿密な市場調査と過去の事例を根拠として、絶対に勝てる立地を見極めなければならないのです。

土地の選択時にこだわるべき項目は次のように多岐にわたります。

・敷地面積

私たちの経験上、月間１２０万円（利回り20％）の売上を目指すなら、敷地面積は１００坪以上、駐車場は６台以上必要です。

だからといって広ければ広いほどいい、というわけではありません。次に説明する地価や利回りとのバランスなどから２００坪が限度と見るべきです。

・適正な地価

いくら良い立地条件でも、地価が高すぎて毎月の返済額が多くなってしまえば、利回りは悪化します。そこで適正な地価の見極めが重要になります。

私のお勧めするエリアは、都市近郊で、30～50代の主婦が活躍する場所です。このようなエリアのロードサイドの適正な坪単価は20万円前後。つまり１００坪なら２０００万円です。

そして、土地というものは広ければ広いほど単価が下がっていくので、２００坪なら３５００万円程度になるでしょう。この金額が適正価格の上限といえます。

・用途地域

日本の各種建物は、用途地域などによって建築の可否が定められています。コインランドリーの場合、「市街化調整区域」「非線引き区域」「第一種低層住居専用地域」「第二種低層住居専用地域」「第一種中高層住居専用地域」には建てることができません。

・生活道路沿い

生活道路とは、周辺住民が日常的に利用する道です。具体的には近くにスーパーなどの商業施設や市役所などの公共施設があって、常に活気がある道路です。

この活気というのがコインランドリー投資において最も重要です。活気があって、人の入れ替わりが激しい道路沿いであれば、毎日認知度がアップしていき、それに比例して新規のお客様も増えていきます。

この生活道路というのは、住宅地の近くとは限りません。最近は住宅地から離れた郊外に大型ショッピングモールや家具店が出店することが多くなっています。これらの施設に接する道路沿いは非常に狙い目です。洗濯している間に買い物を済ませようとするお客様を取り込めるからです。

一方で住宅地の中心も良いように思えるかもしれませんが、あくまで生活道路沿いであることが前提となります。住宅地であっても車通りの少ない道路沿いでは、認知度が広がらないので長期間に渡る売上アップは期待できません。とにかく生活道路沿いということがなによりも大事なのです。

・片側一車線道路で中央分離帯のない道路沿い

コインランドリーをオープンさせるなら、生活道路沿いであることが大前提です。

しかし、それだけではまったく不十分といえます。私たちがお勧めするコインランドリーのメインターゲットは専業主婦、または働くママです。これらの人たちの多くは、車の運転にあまり慣れていません。そのため大型トラックが高速で頻繁に往来する片側二車線以上の道路は走りたくないものです。

また、中央分離帯のある道路は、反対車線から入るために迂回しなければならないので敬遠されがちです（交差点の角地は除く）。

そのため店舗に接する道路は、生活道路であることにプラスして制限速度40㎞以下の片側一車線で中央分離帯がないことが必須です。

・駅近よりも住宅地の近く

駅の近くも人通りが多いので良いように思えるかもしれません。しかし、お客様のほとんどは電車ではなく車で来店します。そのため、大きな駐車場を確保しなければならないので、駅近では困難な場合が多いでしょう。

また、駅の近くは比較的入り組んだ道路や渋滞する地点が多いので、車での来店は嫌がられます。

このようなことから駅近よりも住宅地に近いことが条件となります。

・道路から視認性がよい場所

コインランドリーの売上アップの秘訣は、とにかく知ってもらうことです。普段使うことがなくても、雨の日や花粉の季節に「あそこにあったな」と思い出してもらえることが重要です。

そのためには、常日ごろから見られている必要があります。それ故生活道路沿いなのですが、例えば街路樹や歩道橋、他の店舗の看板などで自店舗が隠れてしまえば効果が半減してしまうので、こういったもので遮られない立地を選ばなければなりません。

また、道路から店内が見えやすいことは、防犯上の効果もあるので特に女性客には好まれます。

・駐車場に入りやすい立地

どんな店舗であっても駐車場が入りやすいに越したことはありません。特にコインランドリーは女性をターゲットにしているのでなおさらです。

植栽があって入り口が狭い、斜めにしか入れない、バックで駐車しないと出るとき大変、といった駐車場は敬遠されます。例えば自分が免許取り立ての頃を思い出し、気軽に入れるか確認しましょう。

【図表6】月間売上試算

6000世帯 × 利用率5% × 月4回来店 × 平均客単価800円 = 合計96万円

・**商圏の世帯数**

コインランドリーは生活に密着した施設なので、半径2㎞までが商圏となります。

そのことを前提に最低ラインとしての売上目標を月間100万円とするなら、少なくても半径1㎞で3000世帯、2㎞で6000世帯は必要です。

その根拠を計算してみましょう。コインランドリーの利用率は、全国平均で約5%です。

従って、6000世帯のうち300世帯が利用することになります。

これらの世帯が週に1回来店すれば、月間で延べ1200回の利用があります。そして私たちの実績では1回の平均客単価は800円です。従って月間の売上は図表6のようになります。

この金額から前述の世帯数が最低限必要だということが理解できるはずです。

このような商圏の世帯数は、業務用のパソコンソフトを利用することによって分かります。その多くは単身世帯やファミリー世帯といったことまで分かるので、ターゲティングをする上でも非常に便利です。

とは言え、これはかなり高価なソフトなので、それを所有する開業支援会社にサポートを依頼するのが得策です。

・商圏内にファミリー世帯が多い

当然ながらコインランドリーは、より大きな機械を稼働させる方が利益を生みます。従って、洗濯物が少なく、大物洗いの機会も少ない単身世帯よりもファミリー世帯が多いエリアが適していると言えます。

ファミリー世帯の中でも比較的若い世帯の方が、子どもの汚れものが多いのでいいように思えるかもしれませんが、そうとは言い切れません。

年齢が上がるにしたがって羽毛布団の利用率が高まり、大型機械の稼働率がアップすることもあるからです。年齢層はそれほど気にする必要はありません。

・商圏が分断されていない

コインランドリーの商圏は半径２km以内です。しかし、その範囲内の生活道路が線路や常に渋滞している地点といった「通るのが面倒だな」と思わせるものによって分断されていれば、集客は期待できません。

地図で見て「大型スーパーと同じ道路沿いだ」と飛びつくのではなく、実際に現場に行って車を運転し、住宅地からスムーズに往来できるのか確認する必要があります。

先に競合店が出店しているエリアはむしろ狙い目

立地に関する話をすると、ほとんどの人が競合店の有無を心配します。やはり競争のない場所で最初に出店したいのでしょう。

しかし、競合店の有無は基本的に気にする必要はありません。

競合店があればすでに周辺住民にコインランドリーの便利さが知られているので、駐車場の大きさや機械の種類などで勝てれば集客が楽になる可能性が高まります。

競合店がなければ競争のない市場で、お客様を独り占めできます。

つまり、競合店はあってもなくてもやりようがあるのです。

自分の土地で始めても大丈夫？

最近私たちのところには、コインランドリーを成功させているという話を聞いて「私の土地でもぜひ」という地主から連絡をいただくことがあります。

しかし、前述した成功する立地条件を理解できていれば、地主の「遊んでいる土地があるから開店させたい」といった感覚では利益は上がらないということが理解できると思います。

従って、いくら賃料や購入費がかからない自分の土地があったとしても、よほどの条件が揃わない限りコインランドリーを開店させることはお勧めしません。

他業種との併設に旨味はあるのか

スーパーとドラッグストア、ホームセンターと100円ショップなど、最近郊外に出店する店舗は併設型が目立ちます。この手法はコインランドリーにも有効なのでしょうか。確かに立地はスーパーなどの商業施設と同じ生活道路沿いにするべきなのでメリットは大きく思えるかもしれません。

ところが、ある市場調査の結果を見ると、逆の結果が出ていることが分かりました。

その理由は、女性がターゲットだということを念頭に置くとよく理解できます。洗濯物を含む家事の多くは、身だしなみを整えて行うことではありません。従って、コインランドリーに行くときもノーメイクというケースが多いのです。そのため人と顔を合わせる確率が高い併設店には行きたくない、という意見が多数上がりました。

また、人が多い場所に洗濯物を持って行きたくないという意見も目立ちます。よく考えれば当たり前のことではないでしょうか。

さらに、これは私の考えですが、併設店だとその店舗と運命共同体になってしまいます。隣の店舗に活気がなくなれば、自分の店舗にもそのイメージがお客様の間で伝染してしまう可能性があるはずです。

また、併設店ということはそれだけ駐車場も大きくなります。空いているスペースがコインランドリーから遠ければ、大物を運ぶのが面倒になるので、それも少なからずマイナス点となるでしょう。

そもそも併設店にするということは、テナントとして入ることになるので自社物件にはなりません。

こういったことから併設店にする旨味は少ないと考えています。

第4章

有利な条件でお金を借りて最良のスタートを切る
コインランドリー投資成功には欠かせない
借り入れ戦略

規模別開店費用の内訳

実際にコインランドリーを土地から購入して開店するには、いくらくらいかかるのでしょうか。

これは土地の価格に大きく左右されますが、私たちが多く出店している都市近郊では、大体7500万円から1億円くらいが目安になります。

この2500万円の差の理由は、主に土地の広さです。コインランドリーに最適な広さは100~200坪前後ですが、広ければ駐車スペースも機械の台数も増やすことができます。

「機械の平均稼働率が12~16%なのに、そんなに多くの駐車台数や機械が必要なのか？」という疑問もあるでしょう。確かに、コインランドリーの駐車場が満車になった様子を見たことがある人は、非常に少ないはずです。

しかし、雨の日の土曜・日曜や地域の運動会があった翌日などは満車になることもあり得ます。

また、機械に関しては、雨が降ると洗濯は家で行い、乾燥だけコインランドリーを利用するケースも多々あるので、乾燥機が順番待ちになることも珍しくありません。そのため、乾燥機は店の規模に対して多めに設置するのが得策です。

競合店に勝つためには、「いつ行っても車が停めやすい」「いつ行ってもすぐに使える」という安心感が重要なのです。

では、実際の規模感を把握するために7500万円店舗と1億円店舗のモデルケースを紹介しましょう。

●7500万円店舗のモデルケース

総予算7500万円でコインランドリーを開店させる場合、売上目標は月間100~150万円です。

土地の広さは100~120坪程度で6台以上の駐車場が最低条件になります。価格は坪単価20万円で2000万円といったところでしょう。

ただし、これに加えて基本的には地盤改良工事費を見ておきましょう。この具体的な費用は地盤調査の結果次第ですが、大体100万円程度です。

しっかりとした地盤改良工事を行う場合、地盤にコンクリートの柱を流し込む柱状改良が主流ですが、これだと売却の際の撤去が困難になります。後々のことを考えれば、いざというときに抜き取りやすい鋼管杭を使用した方がいいでしょう。

このようなコインランドリーならではの工事は、経験豊富な建設業者へ依頼することが必須です。

建物は平屋の30坪前後になります。費用はその他、内装や外装工事などを含めると、3000万円強といったところでしょう。大きくすればそれだけ設置できる機械の数が増えますが、欧米と違い日本ではそこまでのニーズがまだありません。費用対効果から考えると、30～40坪くらいの広さがベストといえます。

建物の注意点は基礎や地盤の補強以外は、通常の店舗と変わりません。しかしながら、通常の店舗と同じでは差別化ができないので、子育て世代のママたちに受け入れられやすいデザインやメンテナンスのしやすい部材選びにはこだわるべきでしょう。

機械は、国内最大クラスである35kgの洗濯乾燥機が2台必要です。35kgあれば、シングルの羽毛布団であれば2枚、2～3帖のカーペットが1枚洗えて乾燥もできます。

一般的なコインランドリー店の洗濯乾燥機の最大サイズは、27kgが主流です。これでは羽毛布団はシングルでも1枚しか洗えません。コインランドリーの最大の魅力は、布団やカーペットなどの大物を洗えて乾燥までできることです。35kgの洗濯乾燥機は、価格が27kgよりも1台当たり50万円ほど高くなりますが、競合店との差別化のためにぜひ揃えておきたい設備です。

これらの機械を合計するとおよそ2000万円強になり、土地、建物、機械の合計が約7500万円となります。

●1億円店舗のモデルケース

1億円の予算が用意できるならば、駐車場20台クラスの店舗を開店させることができます。売上目標は月間130~200万円です。

敷地面積は200坪弱で、価格は3500万円前後といったところでしょう。

駐車スペースは多ければ多いほどいい、と思うかもしれませんが、前述のように昨今のコインランドリーのニーズは、週末のまとめ洗いや羽毛布団などの大物洗いです。駐車した場所から店舗までの距離があまりに遠いと、それだけでお客様から敬遠されてしまいます。特に腕力の強くない女性からは避けられる傾向があるので、20台が最多クラスといえるでしょう。

建物はニーズの高い乾燥機の数を増やすので、その分広くなります。予算7500万円の場合は30坪前後でしたが、こちらは40坪前後になります。建築費は、土地と同じく3500万円前後になります。

機械に関しては、前述のように乾燥機の数を増やします。具体的には3台を6台にします。乾燥機は、家で洗濯と脱水をしてから使用する人もいます。さらに雨の日は順番待ちも珍しくありません。

「あそこは雨の日に行くといつも使用中」というイメージは絶対に避けたいところです。予算を増やせるなら、駐車スペースと同時に乾燥機増設に注力しましょう。

その結果、機械代が約2500万円となり、トータル約1億円の店舗を開店させることができます。

この7500万円店舗と1億円店舗の詳しい内訳は、次ページの表で確認してください。

【図表 7】7,500 万円店舗　開店費用

土地関係	地積：380 ㎡　115 坪　宅地			
	土地価格			¥20,000,000
	地盤改良工事			¥1,080,000
	諸費用			¥ 1,274,700
	土地関係合計			**¥22,354,700**

機器関係	洗濯乾燥機35K	¥2,721,600	2　台	¥5,443,200
	洗濯乾燥機27K	¥2,272,320	2　台	¥4,544,640
	洗濯乾燥機17K	¥1,728,000	2　台	¥3,456,000
	洗濯機10K	¥355,320	1　台	¥355,320
	乾燥機25K	¥604,800	2　台	¥1,209,600
	乾燥機14K×2段	¥1,114,560	3　台	¥3,343,680
	スニーカーランドリー	¥415,800	1　台	¥415,800
	ICカード発行機（システム含む）	¥2,800,000	1　台	¥2,800,000
	機器関係合計（税込）			**¥21,568,240**

工事関係	本体工事（木造）	100 ㎡	¥10,500,000
	外構工事		¥3,690,000
	防犯カメラ工事		¥ 693,000
	仮設電源、一次側電気工事		¥499,000
	二次側電気、エアコン工事		¥4,140,000
	内装工事		¥3,000,000
	試運転、洗剤関係接続工事		¥326,000
	サイン工事		¥1,260,000
	機器搬入設置、ダクト工事		¥2,572,000
	機器輸送費		¥216,000
	本体足場工事		¥172,000
	ガスボンベ庫		¥218,000
	給排水設備工事		¥2,073,000
	店内サイン工事		¥200,000
	たたみ台、ベンチ作製、その他備品		¥1,462,000
	工事関係合計（税込）		**¥31,021,000**

開店費用	**¥74,943,940**

※オープンイベントに関しましては、別途40～50万円の費用がかかります。
※機器関係のオプションは別途となります。

郵 便 は が き

料金受取人払郵便

代々木局承認

7172

差出有効期間
2020年12月
31日まで

151-8790

203

東京都渋谷区千駄ヶ谷4-9-7

株式会社 幻冬舎メディアコンサルティング

「利回り20%を実現する
コインランドリー投資」係行

お名前（ふりがな） □男 ・ □女	
ご住所 〒	
メールアドレス	
生年月日 年 月 日	ご職業
業種	役職

ご記入いただいた個人情報は、許可なく他の目的で使用することはありません。

1 本書を知ったきっかけは？ あてはまる答えに○を付けてください。

a 書店で見て
b 新聞で見て（掲載紙名　　　　　　　　　　）
c 知人にすすめられて
d 雑誌で見て（掲載誌名　　　　　　　　　　）
e プレゼントされて
f インターネットで見て（ HP ・ メルマガ ・ ブログ ）

2 本書を購入された理由は？ あてはまる答えに○を付けてください。（複数回答可）

a タイトルにひかれた
b 内容・テーマに興味があった
c 著者に興味があった
d デザインにひかれた
e 話題となっているから
f 値段が手頃だった
g その他（　　　　　　　　　　　　　　　　）

3 本書の評価は？ あてはまる答えに○を付けてください。

タイトル	a 非常に良い	b 良い	c 普通	d 悪い	e 非常に悪い
デザイン	a 非常に良い	b 良い	c 普通	d 悪い	e 非常に悪い
内容	a 非常に良い	b 良い	c 普通	d 悪い	e 非常に悪い
価格	a 非常に安い	b 安い	c 普通	d 高い	e 非常に高い

4 好きな本のジャンルは？ ＿＿＿＿＿＿＿＿＿＿＿＿

5 本書の感想をご自由にお書きください。

お寄せいただいたご感想を広告等に掲載してもよろしいですか？

□実名で可　□匿名なら可　□不可

ご協力ありがとうございました。

【図表 8】1 億円店舗　開店費用

土地関係	地積：573 ㎡　173 坪　宅地	
	土地価格	¥36,000,000
	地盤改良工事	¥1,296,000
	諸費用	¥ 2,381,700
	土地関係合計	**¥39,677,700**

機器関係	洗濯乾燥機35K	¥2,721,600	2　台	¥5,443,200
	洗濯乾燥機27K	¥2,272,320	2　台	¥4,544,640
	洗濯乾燥機17K	¥1,728,000	2　台	¥3,456,000
	洗濯機10K	¥355,320	1　台	¥355,320
	乾燥機25K	¥604,800	2　台	¥1,209,600
	乾燥機14K×2段	¥1,114,560	6　台	¥6,687,360
	スニーカーランドリー	¥415,800	1　台	¥415,800
	ICカード発行機（システム含む）	¥3,000,000	1　台	¥3,000,000
	機器関係合計（税込）			**¥25,111,920**

工事関係	本体工事（木造）	132 ㎡	¥11,500,000
	外構工事		¥5,563,000
	防犯カメラ工事		¥ 693,000
	仮設電源、一次側電気工事		¥499,000
	二次側電気、エアコン工事		¥4,240,000
	内装工事		¥3,500,000
	試運転、洗剤関係接続工事		¥326,000
	サイン工事		¥1,260,000
	機器搬入設置、ダクト工事		¥2,872,000
	機器輸送費		¥216,000
	本体足場工事		¥172,000
	ガスボンベ庫		¥218,000
	給排水設備工事		¥2,273,000
	店内サイン工事		¥200,000
	たたみ台、ベンチ作製、その他備品		¥1,762,000
	工事関係合計（税込）		**¥35,294,000**

開店費用	**¥100,083,620**

※オープンイベントに関しましては、別途40～50万円の費用がかかります。
※機器関係のオプションは別途となります。

金融庁の方針によって実は融資を受けやすい

簡単に開店費用に関して説明しましたが、７５００万円、さらに1億円といえばかなりの大金です。本書を読んでいるほとんどの人にとって、現金で用意するのは難しいのではないでしょうか。

また、一度賃貸物件投資のレバレッジ効果を知った人にとっては、融資を受けられない投資の魅力は、ほぼゼロに等しいはずです。

しかし現在、各金融機関は投資に対する融資に積極的ではありません。特に賃貸物件に関しては、２０１７年前半、金融庁が各金融機関に過剰なアパートローンへの融資を懸念する意向を通達しました。

そして２０１８年に入りスルガ銀行のシェアハウスに対する不正融資が発覚。金融庁はさらに不動産投資向け融資への監視を強化しています。

その結果、皆さんはいくらいい賃貸物件が売りに出されていても融資が受けられないために、みすみすチャンスを逃している状況のはずです。

では、コインランドリーに対する融資はどのような状況なのでしょうか。実は、ほとんどの金融機関ではコインランドリー投資を賃貸物件への投資と同様に「事業」として扱います。つまり融資の対象となるのです。

その理由はいくつかありますが、やはり賃貸物件同様に土地と建物を担保として評価できることが大きいでしょう。金融機関としては、たとえ経営に失敗しても「1円も回収できない」ということがないからです。

さらにこれも賃貸物件同様に、オーナーが必ずしも経営のエキスパートである必要がないところも金融機関にとっては魅力です。運営を管理会社やフランチャイザーに任せてしまえば、素人オーナーでも安定した経営が実現できるので、審査のハードルをグッと下げることができるからです。

そして、何といっても最大の魅力は、賃貸物件のように競合がひしめき合っていないブルーオーシャン市場の上に、金融庁が融資に対して目を光らせていないことです。

金融機関も本音を言えば利益を上げるためにどんどん融資をしたい。しかし、賃貸物件は市場が飽和状態で、何より金融庁が厳しい監視をしています。そのようなときにコインランドリーは、金融機関にとってまさに願ったり叶ったりの融資対象なのです。

このような背景から、私たちのお客様の中には、金利0・85%で9000万円のフルローンを借りた実績もあります。

ただし、このお客様の場合は、すでに4棟のアパートを安定経営していた実績が評価されての融資でした。それでもアパートならば、いくら銀行の担当者ががんばっても7000万円までしか借りられなかっただろうとお客様は話しています。

以上のようにコインランドリーは、賃貸物件と同様に融資を受けることによるレバレッジ効果を十分期待できる投資対象です。

とはいえ、一つだけネックがあります。それは金融機関の審査部門にその魅力を正確に伝えることが難しいということです。

基本的に金融機関の担当者は、自身の営業成績を上げるために積極的に話を聞き、理解しようとしてくれます。それが仕事だから当然でしょう。

ところが、その担当者から上司、審査部門と伝言ゲームが続く際に、だんだんとテンシヨンが下がっていき、最終的に審査が通らないことが多々あるのです。

審査部門としては、コインランドリー投資を取り扱うことが初めてのケースがほとんどです。よほど勝てる＝返済可能な根拠が揃っていないとOKを出せないのでしょう。

この対処方法として、最もハードルが低いのが、すでにコインランドリーに対する融資実績がある金融機関を見つけることです。融資実績があるならコインランドリー投資の手堅さも熟知しているので話が早いでしょう。

しかしながら、そのような金融機関は、極めて少ないのが実状です。なぜなら、今まで数多くのコインランドリーを開店させてきたフランチャイザーや機械の販売代理店などは、資金力のある地主をメインターゲットとしてきたため、金融機関との付き合いが希薄だからです。コインランドリー投資に対して、複数の融資を通した実績があるのは、おそらく知る限り私たちだけでしょう。

自力で融資を受けるならば、かなり詳細でリアルな事業計画書が必要になります。

基本的に金融機関は、審査部門だけでなく窓口となる担当者までも、コインランドリーに対して明るいイメージを持っていません。まだまだコインランドリーは「苦学生や男性の単身者が通う暗くて薄汚れた空間」という印象が一般的なのです。

これを打ち破るには、「清潔でおしゃれな店内」「大きくて簡単に操作ができる機械」「万全のセキュリティ体制」「競合店の状況と勝てる根拠」「商圏の市場調査結果」などを完璧にプレゼンする必要があります。

私たちの実績では、このプレゼンに成功すれば、金融機関の態度は一変します。急に「ぜひ私どもの銀行で」という姿勢になるのです。

こうなったらこちらのペースです。複数の金融機関を競合させて金利交渉も可能。前述のお客様のようにアパートなどの安定した経営実績があるのなら、金利1％以下のフルローンも十分狙えます。

ただし、人によっては、そこまで良い条件が出ない場合もあります。比較的多いのが、「担保価値のない機械代は融資できない」というケースです。このような場合は、最低でも現金で2000万円ほど用意しなければなりません。

融資がつきやすい人の特徴

コインランドリーは、金融機関へのプレゼン次第で賃貸物件よりもはるかに融資がつきやすい投資対象です。

とはいえ、当然ながら融資がつきやすい人（法人含む、以下同）とつきにくい人がいます。

主な融資がつきやすい人は次の二種類です。

1. 複数の賃貸物件を安定経営している投資家

金融機関が融資をする・しないを判断する決め手は、「確実に返済してもらえるか否か」です。当たり前のことですが、返済できそうにない融資申し込みを受け入れるわけにはいきません。

その判断材料として、担保の有無や預貯金の額などがあるのですが、それらと並んで大きな影響を与えるものに個人の信用があります。

ほんの2~3年前まで、一部上場企業の社員や公務員の信用は絶大でした。そのため、年収の10倍近い賃貸物件投資にも比較的容易に融資がつきました。

ところが、最近は、あまりにもサラリーマン大家が増えたことなどから、それらの人に対する融資審査は、大変厳しいものがあります。

一方、以前と変わらず融資がつきやすいのが、すでに融資を受けて複数の賃貸物件を安定経営している投資家です。

このような人たちは、堅実な返済実績を積み上げているので、金融機関から見れば上得意のお客様です。その実績は、たとえ新規の金融機関でも評価されます。

また、複数の賃貸物件を安定経営しているということは、実務は管理会社に任せていても物件を見極める力はしっかりあると見なされます。

これはコインランドリーに関しても同じで、運営のノウハウを持ち合わせていなくても、しっかりとした事業計画が立てられており、管理を外部に委託できるようになっていれば、実績のある投資家が手堅い新規事業を行うと認められるのです。

さらに、追加の賃貸物件への投資では、供給過多などによってリスクが大きくなっていますが、ブルーオーシャン市場のコインランドリーへの投資ならばリスクの分散にもなります。これも評価される大きなポイントでしょう。

2．安定経営を続けている中小企業の経営者

信用度の高い投資家と並んで融資がつきやすいのが安定経営を続けている中小企業の経営者です。

理由は投資家とほぼ同じです。安定経営を続けていれば、金融機関からの借入れに対する長年の返済実績もあるでしょう。これは大きな評価ポイントです。

また、中小に限らず企業にとって新規事業への参入は、常に取り組まなければならない必須項目です。一つの事業だけにしがみついているのは、市場や社会変化の影響を受けやすく、非常にリスクが大きいからです。

そういった意味で経営ノウハウがなくても参入しやすく、土地と建物という担保があるコインランドリー投資は、金融機関にとって融資したくなる新規事業といえます。

第5章

清掃・集金・クレーム対応――ほんのひと工夫で驚くほど売上がアップする9つの管理術

競合店のほとんどは工夫知らずの、のんびり経営

コインランドリー市場は、まだまだ発展途上の状態です。例えるなら90年代より以前の賃貸住宅市場。放っておいても毎日「チャリーン、チャリーン」と現金収入があると考えるオーナーばかりなのです。

ほとんどがのんびり経営で、自ら売上を伸ばそうと工夫するオーナーは多くありません。この状態は、つまり「ちょっとした工夫で差別化が成功する」ということです。その工夫とはどのようなことなのか紹介しましょう。

なお、ここで紹介する工夫や作業は、全てコインランドリー専門の管理会社へ委託することが可能です。詳しくは第7章で説明しますが、オーナーが直接動くことはないので安心して読み進めてください。

管理術① 何より掃除が最優先

コインランドリー内は原則飲食禁止です（待ち時間中にペットボトルの飲料を飲むことぐらいはOKです）。またトイレもないので、1日や2日で誰もが顔をしかめるほど汚れることは、ほとんどありません。それどころか数日放っておいても「汚い」というクレームが来ることは少ないでしょう。

そこに胡坐をかいているのが一般的なオーナーです。つまり、ここで毎日しっかり掃除を行えば大きなアドバンテージにつながるのです。

そのことに気づかせてくれたのは、初出店した店舗のお客様たちでした。私たちの全ての店舗には、お客様のご意見を聞くためのアンケート用紙が設置してあります。初出店の頃は、手探り状態のスタートでしたので、とにかくお客様の生の声をお聞きしたいと思って始めました。

そして、オープンして1カ月、2カ月と経っていくと、アンケート結果にある傾向が見え始めてきました。お店の気に入っているところをお聞きしたところ、「きれい、清潔感がある」と回答した方が断トツに多かったのです。

それは全体の38％を占め、2位の「24時間営業」（11％）、3位の「機械の性能・台数」（9％）を大きく引き離していました。この傾向は他の店舗でも同様です。

そして、至らない点として、例えば床の砂ボコリといった誰でも目につくところは当然として、テーブルの布巾のたたみ方や機械の数ミリの突起部にたまったホコリにまでご指摘がありました。

そもそもコインランドリーは、衣類や布団を洗う場所です。清潔さが気になって当たり前でしょう。にもかかわらず従来からの「汚い」「暗い」「狭い」というイメージに安心して、清潔さを軽視する傾向があります。現在はどのような商業施設に行っても清潔ですし、インターネットによって汚い施設の情報は、すぐに拡散してしまうので、昔ながらの考えでは通用しなくなってきているのです。

まして昨今のコインランドリーのメインターゲットは、特に清潔さに敏感なママさんたちです。これらの人たちは「あそこより、ここの方が清潔」というイメージができあがれば、競合店から比較的容易に乗り換えしてくれるはずです。

また、ママさんたちのネットワークは強力な営業ツールになるので、口コミによる集客も大いに期待できます。

以上のことから、私はコインランドリー運営のルーティンワークにおいて、最も重要視しなければならないのは掃除だと断言します。

具体的にどのような汚れがあるかといえば、例えば床ではカーペットを持ち込んだときに床に落ちるホコリ、機械周りのホコリ、機械の中では、綿ボコリやティッシュのカス、ヘアピンなどです。

これらは毎日発生する可能性があります。つまり毎日最低1回は清掃を行うべきです。時間は混み始める午前9時前が理想でしょう。

きめ細かい掃除を行っていることは、大きなアピールポイントになります。そのため日ごろからポスターやチラシで告知するべきです。

私たちの場合は、毎日掃除を行っていることに加えて、機械や什器などお客様が触れるところをアルコール除菌していることも記載しています。

そして、布巾は毎日違う色に交換して、視覚的にも掃除を行っていることが分かるようにしています。

管理術② 24時間営業で顧客満足度アップを狙う

多くのコインランドリーは、売上や防犯上などの理由から深夜営業を行っていません。営業時間の傾向は、エリアによっても異なりますが、都市近郊ならば早朝5～6時にオープンして深夜23～0時に閉店といったパターンが多いでしょう。

しかし、私は24時間営業をお勧めします。なぜなら売上アップに大いに貢献するからです。

私たちが運営する12店舗は、ほとんど24時間営業を実施しています。その深夜（23時～翌朝6時）の平均売上は、全体の10％前後を占めています。

埼玉県東松山市の松葉町店の例を挙げると、２０１８年10月の時間帯別売上は図表9のようになっています。

ひと月約18万円ということは、年間２１６万円です。これだけで「アパート一棟分の利益だ」と思う人もいるでしょう。この金額を自ら放棄するのはもったいなさ過ぎます。実は、24時間営業は多くのオーナーが考えるよりもずっと儲かるのです。

しかしながら24時間に踏み切るには、どうしても防犯やトラブル対応が気になるはずです。

以前は、「機械に１００円玉が詰まったと電話がかかってきたので、夜中に財布を持って車を30分走らせた」といった苦労話が多々ありました。しかし、現在は全て外注できる

【図表 9】時間帯別売上

時間	売上
0時	31,900円
1時	20,000円
2時	13,700円
3時	10,400円
4時	9,000円
5時	17,200円
6時	32,900円
7時	33,100円
8時	74,600円
9時	77,600円
10時	94,900円
11時	113,400円
12時	65,000円
13時	76,800円
14時	75,400円
15時	59,600円
16時	58,300円
17時	51,400円
18時	57,700円
19時	56,100円
20時	60,900円
21時	59,500円
22時	51,300円
23時	43,100円
合計	1,243,800円

うち、23〜6時合計178,200円
（全体売上の14.3％を占める）

ので全く問題ありません。

防犯に関しては、駐車場から店内の隅々まで映る防犯カメラを設置し、何かあれば警備会社が出動します。

夜間のクレームなどのトラブルに関しては、コインランドリー専門のコールセンター会社と契約を結ぶことで、24時間速やかに対応してもらえます。

例えば機械の操作方法は電話で説明しますし、機械にお金が詰まった場合は、遠隔操作で返金や代わりの機械を稼働させることが可能です。

オーナーは、このことを翌朝に事後報告として聞くので、夜中は何も気にせず寝ることができます。

このように24時間営業は、売上が上がる上に手間はかかりません。ぜひ行うべきです。

特に近隣にコンビニなど24時間営業の商業施設があれば、相乗効果でより多くの集客が期待できます。

また、そのような施設がない場合でも、24時間明るい店舗がある、ということは防犯につながるので周辺住民に喜ばれます。

ちなみに24時間営業にしない場合は、「夜中に洗濯に来て、機械が回っている間に外出、戻ってきたら閉店時間を過ぎていて入れない」といったトラブルが頻発するようです。

管理術③　メンテが楽で集客効果の高い機械を選ぶ

洗濯機や乾燥機などのコインランドリー機械は、開業支援会社から指定されてしまうので、選択の余地がないケースが多いようです。

しかし、機械の選択は、その後の経営を大きく左右します。機械に納得できなければその支援会社は選ばない、くらいの気構えが必要でしょう。

では、どのような機械を選べばいいのでしょうか。私は次の五つに着目するべきだと考えています。

1．耐久性

一見どのメーカー製でも同じように見える機械ですが、５年、10年と使い続けていけば故障の頻度に必ず差が出てきます。

故障が少ない機械を選ぶ際の目の付け所の一つは日本製か否かです。その理由は今さら説明するまでもないでしょう。最近の家電製品は、その安価さから海外製に押され気味ですが、信頼性という意味では、まだまだ日本製に並ぶものはありません。故障が少ないのはやはり国産です。

もし、故障した場合でも、国産なら交換部品が国内にあるので、より迅速な修理が可能です。

家電製品の場合、国産は海外製よりも高額になることが多々あります。ところがコインランドリー機器の場合は、ほぼ同価格帯になっています。そのため国産を選ばない理由はないと思います。

また、使われている素材も耐久性を左右します。コインランドリー機器のボディの多くはスチール製です。この素材は頑丈なのですが、錆に弱いという特徴があります。清潔さをモットーとしなければならないコインランドリー機器に錆は禁物。絶対に避けなければなりません。

そこで、お勧めなのがステンレス製のボディです。ステンレスは高強度の上に非常に錆びにくいという特徴があります。スチール製よりも多少高価になりますが、長い目で見ればこちらを選ぶべきでしょう。

2. 修理費用

ほとんどの機械には、家電製品と同じようにメーカーの1年保証がついています。しかし、故障し始めるのはその後ということは、しばしばあります。よくありがちなのが、機械を回転させるベルトの断裂です。本来の修理費は数千円といったところでしょう。

ところが、支援会社を仲介して修理を依頼するシステムになっていると、その数倍の費用がかかってしまうケースや、毎月保守料を支払い、無料で修理をしてもらえるものの、トータルの支払いは割高になるケースもあるようです。

機械を選ぶ際は購入価格だけでなく、故障やメンテナンス時の費用も検討するべきです。

3．性能

最近のコインランドリー利用客の最大のニーズは、「まとめ洗い」と「大物洗い＋乾燥」です。

そこで機械の性能面で最も注目するべきは洗濯乾燥機の容量だといえます。つまり1回の操作で完了する洗濯物の量です。

洗濯物の量の目安は1人当たり約1・5kgといわれています。4人家族なら6kgです。仮に1週間分をまとめて洗うとしたら42kgの容量が必要になります。しかし、残念ながらそこまで大きな容量の洗濯乾燥機は存在しません。

とはいえ、容量が大きければ大きいほどまとめ洗いが楽になることは間違いないでしょう。現在、選択可能な洗濯乾燥機の最大サイズは35kg（洗濯35kg・乾燥25kg）です。これなら3人家族の1週間分（31・5kg）を一度に洗えます。また、羽毛布団なら2枚を1回で洗えて乾燥までできます。

ところが、一般的な店舗の最大サイズの主流は27kgです。これでは家族3人分のまとめ洗いや羽毛布団2枚の洗濯乾燥はできません。

そのことを上手に訴求できれば、強力な差別化につながります。35kgサイズの洗濯乾燥機は備えておきたいところです。

他の性能面で注目すべき項目としては、振動防止ダンパーの有無があるでしょう。洗濯乾燥機の重量は、数百kgから1トンになります。その内部が洗濯・脱水・乾燥によって回転するのですから、振動は家庭用洗濯乾燥機の比ではありません。場合によっては隣どころかその先の家からもクレームが来るほど強烈です。

その振動を和らげる働きをするのが、振動防止ダンパーです。振動に関しては、建物の基礎や地盤補強によって抑制するのが一番ですが、それにプラスしてダンパーがあるのが理想です。

この装置の有無はメーカーによって異なります。無い場合にありがちなのが、回転速度を緩めて振動を抑える代わりに、より高温で乾燥させる方法です。この方法だと確かにクレームの可能性は低くなりますが、高温乾燥故に衣類が傷みます。また、ガス代もより多くかかることになるでしょう。顧客満足度とランニングコストの両面でお勧めできません。

4．デザイン

コインランドリーの印象は、内外装のデザインで大きく変化します。昨今のコインランドリーは、単なる洗濯する場所というだけでなく、ママさんたちの社交場という役割も担っています。

そのため、居心地のいいデザインは必須。ここも他店との差別化において重要なポイントでしょう。

コインランドリーの店内に入った瞬間の視界のほとんどは、機械が占めることになります。従って機械のデザインも手を抜くことは決してできません。

従来の機械のデザインは、ごつごつとした形状で色は艶消しの白やベージュ。おしゃれとはかけ離れた武骨な「機械」という印象でした。

ところが、最近は、液晶画面などを採用することで「先端機器」という印象を与える機械も出てきました。

さらにシンプルな形状の中に、赤や黄色などのアクセントカラーを施し、おしゃれ感もアップしています。

また、機械のデザインは、店舗のデザインコンセプトと合わせて統一感を演出することが基本です。

例えばステンレス製ボディの機械を選べば、比較的万人に受けるシンプルモダンな内装との相性が抜群でしょう。

5．使いやすさ

現在のコインランドリーの利用率は５％程度です。ほとんどの人がまだ使ったことがありません。

この割合は今後、徐々に上がっていくはずですが、それは常に新規客を取り込まなければならないことを意味します。

新規のお客様が来店して、まず迷うことは機械の使い方です。もちろん使用方法は分かりやすく掲示していますが、それを読まなくてもスマートフォンのように直感的に使えるのが理想でしょう。

そして、力の弱い高齢者や女性でも無理なく操作できることも重要です。

使い方が分かりやすい機械の条件に液晶画面の大きさがあります。液晶には金額や残り時間、「洗剤投入中」といった作業内容が表示されます。これらの内容が分かりやすいことはもちろん、大きな画面であれば視力の落ちた高齢者などでも使いやすくなります。

さらに、何かしらの機械トラブルが起きてお客様からコールセンターへ電話がかかってきたときも、液晶画面が大きければ店内の防犯カメラを通じてエラー表示などを確認することができます。

また、洗濯機や乾燥機を開けるレバーなどの操作部は、大きめで握りやすく軽い力で動く方が良いでしょう。

コインランドリーの機械は、興味がなければ同じように見えるかもしれません。しかし、実はこのようにメーカーやグレードによってかなりの違いがあります。

従って、失敗しない投資のためには、これら五つの項目を総合的に判断して選択をするべきです。

管理術④　悩めるオーナーの味方「ＩＴランドリー」とは

昨今の家電や自動車といった工業製品の多くは、ＩＴ（情報技術）によって無線でつながり、利便性が大幅に向上しています。

実は、コインランドリーにもＩＴ化の波が押し寄せています。ＩＴ化のメリットは、何と言っても、スタッフが行かなくても現場の様子が把握できることです。このことで手放し経営が実現したといってもいいでしょう。

ＩＴランドリーでは、次のようなことを実現することができます。

・遠隔操作

ほとんどの操作を遠隔で行うことができます。主な使用目的はトラブル対応です。例えば、何らかのエラーで稼働中の機械がストップした場合は、隣の機械を動かすことで洗濯を続けていただくことができます。

また、「隣の機械に移してまで洗濯する時間がない」「いたずらで稼働中の機械を開けられてしまって洗濯を終了することができなかった。お金を返してほしい」といった場合は、両替機から返金することも可能です。

なお、いたずらの有無に関しては、防犯カメラによって確認することができるので、虚偽による返金依頼に応じることはありません。

・リアルタイムの稼働状況確認

店舗の状況は、防犯カメラによって駐車場から店内の隅々まで視認することができます。

さらにITランドリーでは、全ての機械の稼働状況もリアルタイムで確認することができます。例えば「35kgの洗濯乾燥機が現在稼働中で、あと32分で終了する」といったことまで分かるのです。

これはパソコンだけでなくスマートフォンでも見ることができるので、外出先から「雨が降り出した。乾燥機の稼働状況はどうだろう」といったように、そのときの天候などに合わせた確認ができます。

【図表 10】稼働状況確認画面

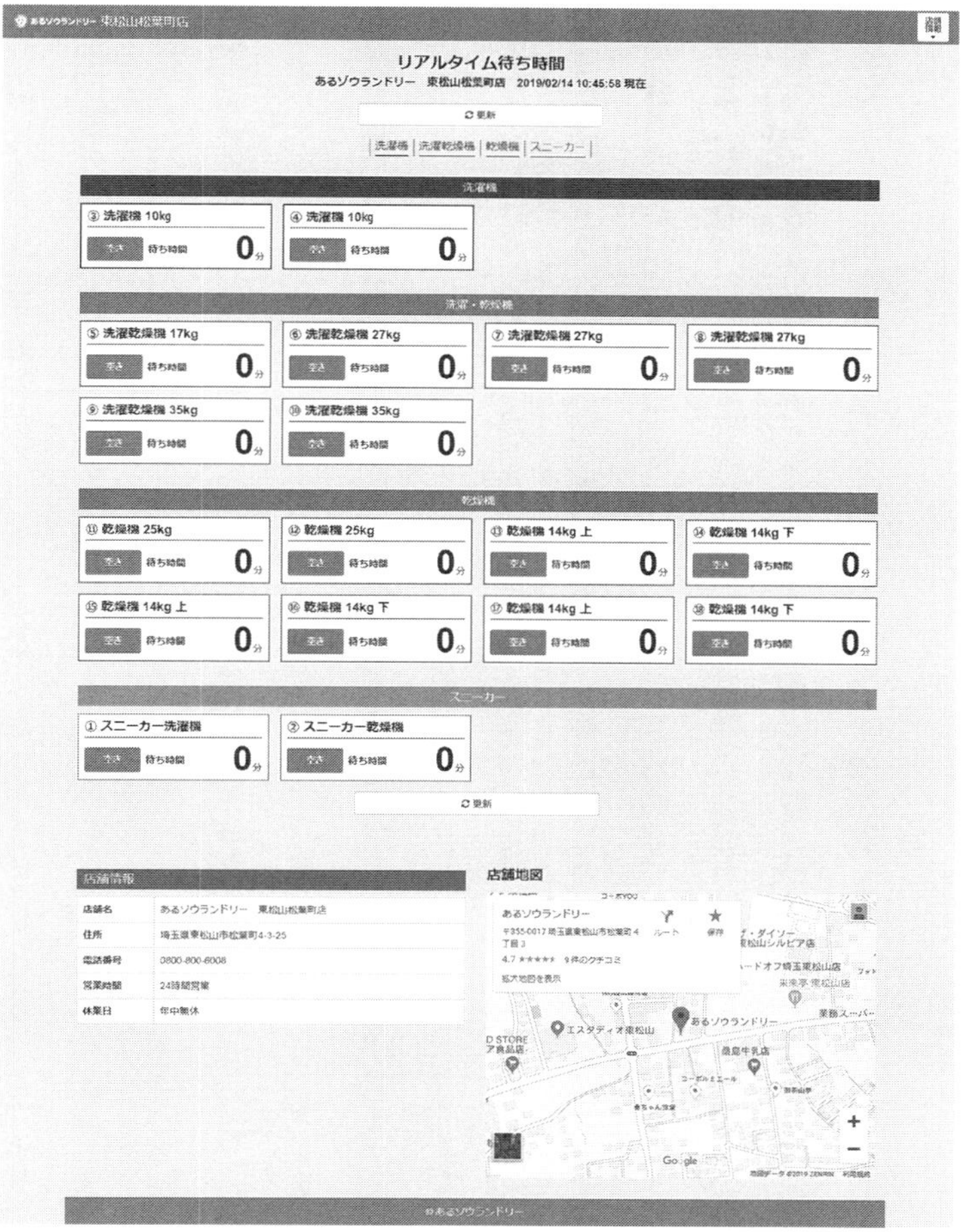

その瞬間の状況が分かるのでオーナーとしてはワクワクするだけでなく、天候や曜日に合わせた市場分析もしやすくなるはずです。

また、各機械の稼働状況は、ホームページなどを通じて一般に公開することもできます。混雑状況が気になるお客様にとって、非常に便利なツールとなるでしょう。

・売上管理システム

売上データは、オープン時から当日まで、全てパソコンやスマートフォンなどの端末で確認することができます。

店舗全体のデータはもちろん、機械ごとや1時間ごとなど細かいデータも表示可能。毎日指定の時間に前日の売上データをメールすることもできます。

つまり、世界中のどこにいても、好きなときに詳細な売上データを確認することができるのです。これは忙しい本業を持つオーナーとしては嬉しい機能ではないでしょうか。

・ＩＣカード

世の中はスーパーやコンビニまでキャッシュレスの時代です。これからのコインランドリーも、この波に乗り遅れてしまうと「使い勝手の悪い店」という烙印を押されてしまうでしょう。

そこでＩＴコインランドリーでは、ＩＣカード決済を導入しています。ＩＣカードとは、読み取り機にかざしただけで事前にチャージ（入金）していたお金を支払えるカードのことです。ＪＲ東日本の「Ｓｕｉｃａ（スイカ）」などが有名でしょう。

また、ＩＣカードには店舗ごとにポイントをチャージすることができる機能もあります。ポイント還元率はオーナー次第です。普段の使用時は３％にしておいて、キャンペーン期間やイベント時は５％にすることもできるし、イベント時の来店者には一律５００ポイントを付けることも可能です。

他にＩＴに関連する顧客満足度をアップさせる策としては、洗濯終了まで待つお客様のために無料Ｗｉ－Ｆｉを設置する、といった方法もあります。

管理術⑤　防犯対策とトラブル対応

24時間営業の無人店舗にとって、最も注力すべきなのは防犯対策でしょう。

コインランドリーは、基本的に商品を販売しないので比較的犯罪の現場になることは少ないと言えます。しかし、残念ながら「絶対にない」とは言い切れません。実際に被害を受ける可能性は低いですが、次のような犯罪・迷惑行為は覚悟しておく必要があるでしょう。

・下着泥棒

不特定多数の人の洗濯物を扱う場である以上、この被害の可能性は拭えません。必ず対応策が必要です。

・機械へのいたずら

機械に落書きをされたり、洗濯槽や硬貨の投入口に異物を入れられたりといったことが想定されます。

・両替機からの金銭盗難

両替機をバールで壊したり、最悪の事態としては鎖で巻いて車で引き倒したりして金銭を奪われることがあるようです。

・備品の盗難

ほとんどのコインランドリーには、洗濯物を機械からたたみ台まで運ぶランドリーバスケットや車輪付きのカートなどが備えつけられています。また、店舗によってはウェットティッシュや衣類用の消臭スプレーなどの備品を常備しているところもあるでしょう。これらは店舗に固定できるものではないので、その気になれば簡単に持ち出されてしまいます。

・長時間の居座り

多くのコインランドリーは、雨風をしのげる上にエアコンを常時稼働させています。そして椅子とテーブルもある。つまり、外にいるよりも居心地がいいのです。

そのため、不審者が長時間居座ることは十分あり得ます。また、近所の住民が集まって酒盛りを始めた、という事例も聞いたことがあります。

他にも、駐車場では長時間エンジンをかけっ放しで昼寝をされるケースもあります。

・ゴミを捨てられる

駐車をしたついでに車内のゴミを捨てられることがあります。ありがちなのはビンや缶、そしてお菓子の袋などです。

ビンに関しては、何かの拍子で割れてしまうと他のお客様に大変迷惑なので、見つけ次第すぐに片づける必要があります。

このような犯罪・迷惑行為を防止し、万一被害にあった場合もスムーズに対処するにはどうすればいいのでしょうか。皆さんは基本的に本業があるので、すぐには動けないはずです。そして何より自らトラブル対処をしたくはないでしょう。

そこで、必ず行っておきたいのが、防犯カメラの設置と警備会社との契約です。

防犯カメラは店内と駐車場の隅々まで映せるように3～5台設置します。また、過去の様子も確認できるように録画をしておき、少なくても2週間分は保存しておいた方がいいでしょう。

この録画記録が「下着泥棒」「機械へのいたずら」「両替機からの金銭盗難」「備品の盗難」といった犯罪行為の決定的証拠となり、いざというときに警察へ提出することができます。

また、リアルタイムの映像は、オーナーはもちろん管理会社（コールセンター）も見ることができ、周囲の音を聞くこともできます。さらに自在に角度を変えたり、ズームをしたり、こちらから音声を出すことも可能です。

これらの機能を利用すれば、長時間居座る人やいたずらをする人などに管理会社から注意をすることができます。

【図表 11】取り出し札

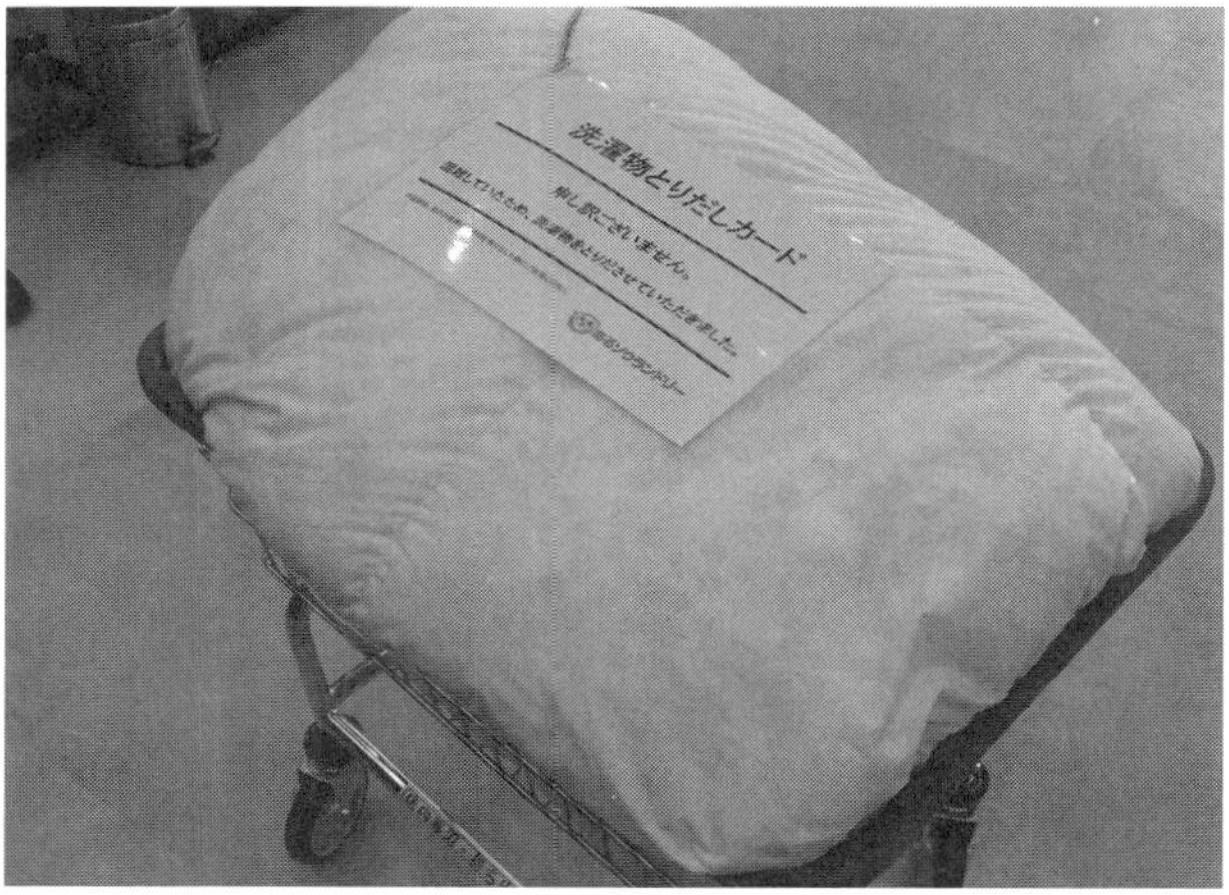

さらに、お客様から機械の故障などでコールセンターへ電話がかかってきたときは、機械の液晶画面のエラー表示を詳細に読み取れるので、返金処理などの対処を迅速に行うことができます。

この防犯カメラは、あえて目立つ場所に設置する、映像そのものを店内の液晶モニターでリアルタイムに公開する、目立つ場所に「防犯カメラ作動中」というステッカーを貼る、といった方法で犯罪の大きな抑止力にもなります。

そして、実際に両替機のこじ開けや備品の予備などをしまっておくバックヤードへの侵入など緊急事態が起こった際は警備会社が急行するようにしておきます。警備会社と契約していることもステッカーなどで分かるようにしておけば、それも抑止力になるでしょう。

ゴミの問題に関しては、基本的に管理会社が毎日掃除を行います。ビン割れなどの緊急事態の際は、近所に住む管理会社のスタッフへ特別にお願いする、といった対処方法が考えられます。

また、ありがちなトラブルに、「洗濯物を取りに行ったら、機械から勝手に出されていた」とお客様同士でトラブルになるということがあります。出された方はいい気持ちがしないのでトラブルになるのです。

しかし、コインランドリーのルールとしては、戻って来ないお客様の洗濯物によって機械が使えない場合は出してもいいことになっています。このルールはほとんどの店舗の分かりやすい場所に「利用規約」として掲示されています。

とはいえ、お客様同士のトラブルの火種があることはよくありません。そこで取り出した洗濯物を入れるランドリーバスケットの上に置く「混雑していたので取り出しました〇〇（店舗名）」といった札を用意しておきます。

実際に取り出したのは他のお客様でも、店舗側が行ったように見せるのです。これではとんどの場合は「仕方がない」とクレームになりません。万一、クレームがあっても行先はコールセンターになります。コールセンターのスタッフは、この内容のクレーム対処に慣れているので、大事になることはまずあり得ません。

さらに、トラブルを防ぐ方法としては、トイレを設置しない、ということもあります。実はトイレ設置のニーズはかなりあります。しかし、トイレを設置してしまうと不審者の隠れる場になってしまう可能性が生じます。

また、トイレットペーパーや消臭剤などの盗難の可能性も増します。そもそも掃除をする手間も増えてしまいます。そのためトイレは設置しない方がいいでしょう。

このようなことからコインランドリーは、たとえ無人の24時間営業店舗であっても犯罪やトラブルを未然に防ぎ、万一、防ぎきれなかった場合でも、比較的スムーズに対処することが可能です。しかもオーナー自身がすることは、ほとんど事後報告を聞くことだけです。

管理術⑥　日常のルーティンワーク

繰り返しますがコインランドリー投資は、ほとんど手放しで行うことが可能です。それはアパート・マンション投資と同様に、実質的な運営を管理会社に任せることができるからです。これはつまり管理会社の質が投資の成否を握っているともいえます。

では、実質的な運営とはどのようなことなのでしょうか。私たちの会社を例にコインランドリーの運営における日常のルーティンワークを整理してみましょう。

・清掃

コインランドリーは洗濯をする場です。しかもお客様のメインターゲットは30代から50代の女性。清潔第一なので毎日の清掃は欠かせません。

清掃時間は、私がお勧めする延床面積30坪前後の場合、1回1人で1時間くらいでしょう。短時間ですが、年中無休で続けなければならないので、スタッフ（パート）は3人程度確保したいところです。

このスタッフは、割れたビンの掃除など緊急時に対応できるように近隣在住者を雇用するべきです。

業務内容としては、前述のアルコール除菌などのきめ細かい掃除のほか、この後説明するウェットティッシュや各洗剤などの備品の補充も行います。

さらに、清掃をしている最中に、お客様から機械の使用方法を聞かれることも多々あるので、一通り答えられるようにしておく必要もあります。

そして、できれば話し上手の女性がいいでしょう。その方がお客様と打ち解けやすく顧客満足度のアップにつながります。もしかしたら世間話から店舗のいい点、悪い点や競合店の様子なども聞けるかもしれません。実は清掃スタッフは大きな戦力になり得るのです。

・集金

集金に関しては、当然ながら細心の注意を払わなければなりません。よく聞くのが「信頼できると思って親族に任せたら、毎日数百円ずつ抜かれていた」といった話です。「ちり積もれば山となる」。たとえ1日500円でも1000日続けば50万円。大金です。

このようなことから集金は、人とシステムの両面で正確さを担保するべきです。人に関しては、管理会社の正社員が行うべきです。頻度は1週間に1回が基本で、繁忙期なら2回といったところでしょう。1回の時間は30分程度です。

全ての機械と両替機から集金し、その足で銀行へ入金します。

この金額はＩＴ管理システムと連動しているので、物理的に合わないことはあり得ません。もし合わないとしたらその原因は、集金のためにシステムを一時停止している間にお客様が一部の機械を利用したときくらいなので、すぐに対処ができます。

皆さんの中には、「お金のことはどうしても任せられない」と考える人もいるかもしれませんが、売上はＩＴ管理システムにしておくことで、リアルタイムで把握することが可能です。その上で集金金額が合わなければ、管理会社が責任を負うことになります。ですから信頼できる管理会社に任せておけば、何も心配することはないのです。

・機械の点検と店舗周辺チェック

集金と同時に各機械の点検も行います。つまり週に1回以上は「エラー表示が出ていないか」「外観上に異常はないか」など機械の不具合を確認しているのです。

なお、点検に関しては、さらに年に2回程度専門スタッフが来てグリスの塗布などをする必要があります。

また、集金を行う正社員は、清掃スタッフのマネジメント業務も兼務しています。来店時は清掃の精度を確認し、店内だけでなく駐車場のゴミの有無や看板となるのぼりの傷み具合などもチェックします。

そして、洗剤や衣類用消臭剤など消耗する備品の納品も行います。

管理術⑦　アメニティグッズ（備品）の充実

私たちの運営するコインランドリーでは、お客様の生の声を聞くために全店舗においてアンケート用紙を設置しています。コインランドリーに待ち時間はつきものなので、多数のご意見を集めることができます。

その中で意外だったのが、「アメニティグッズを備えてほしい」という要望が多かったことです。例えば次のようなニーズがありました。

・ウェットティッシュと使い捨てのビニール手袋

コインランドリーでは機械が自動で洗濯をしてくれるので、人の手が汚れることはない、と思うかもしれません。ところが自前の柔軟剤を使用したときやカーペットを担いで来たときなどに手は汚れてしまいます。そのようなときにウェットティッシュと使い捨てのビニール手袋があるとうれしい、という意見をいただきました。

・衣類用の消臭剤

衣類のニオイは基本的に洗濯をすれば落ちます。しかし全くゼロになることはなく、洗剤や乾燥後の独特の香りなどは残ります。それらを取り除きたいという人が衣類用の消臭剤を希望していました。

・細かいホコリを取るブラシ

衣類についたホコリは、洗濯前に取ってしまうのがベターです。そのまま洗濯すると、いったん取れたホコリが脱水中などに再びついてしまうからです。

そのため洗濯前に細かいホコリを取るブラシのニーズがありました。

・Yシャツの襟や靴下など部分汚れ用の洗剤

コインランドリーで洗濯をするメリットの一つに、「洗濯物と機械を動かすお金以外は何も持って行く必要がない」ということがあります。

銭湯のタオルやシャンプーのように自前のモノを持って行く必要、または別途料金を取られることなく、目的を達成することができるのです。

しかし、汚れの質は千差万別です。特にYシャツの襟汚れや靴下などについた泥汚れなどには、専用の洗剤を使わなければならないときがあります。それらを持参するのが面倒なので常備してほしいという要望をいただきました。

以上のようなニーズを満たすために費用はいくらかかるか試算したところ、月々わずか1500円程度でした。それならやらない手はありません。

早速、これらのアメニティグッズを備えると評判は上々。アンケート結果の上位に「アメニティグッズが充実している」が入るようになりました。

アメニティグッズの充実は、顧客満足度アップのために常に怠ってはいけません。特に競合店がやって好評なことをしていないのは、大きな減点となり得るので注意しましょう。

この他備品の定番として、雑誌や絵本があります。これらは必ずと言っていいほど、どのコインランドリーにも置いてあるマストアイテムです。

雑誌に関しては、古いものだとイメージがよくないので、月に1回は交換するようにしましょう。

他に常備するかどうか検討するべきものとしては、ランドリーバックと布団圧縮袋があります。

この二つはニーズがありますが、無料で配布するには原価が高すぎます。アンケート結果などから有料でも欲しい、という意見が多いようなら販売を検討してもいいでしょう。

一方でニーズがあっても、置くべきではない備品もあります。例えばテレビです。コインランドリーの待ち時間は、乾燥まで入れると1時間前後かかります。その間にテレビを観たいという気持ちはよく理解できます。通常の地上波放送だけでなく、映画なども放映すれば顧客満足度はさらにアップするでしょう。実際にアンケート結果でもテレビを設置して欲しい、というご要望は常にあります。

しかし、テレビの設置はデメリットの方が大きいと言わざるを得ません。その理由は長居をする人の増加です。長居は駐車スペースを取られることになります。コインランドリーにとって「いつでも駐車しやすい」は命綱。1台でも空いている方がいいのです。特に雨の日に長居をされると、大きな減益につながる可能性が高まります。

また、テレビの設置によってコインランドリーの利用者以外の人が入ってくる可能性も否めません。

他にニーズがあっても導入するべきでないものとしては、備品ではなく設備になりますが洗面台と前述のトイレがあります。

洗面台は、汚れた手をウェットティッシュではなく水できれいにしたいということからです。トイレは、待ち時間が長いので欲しいというのは当然かもしれません。そのため、両方ともアンケートでは「希望するサービス（備品・設備含む）」の上位に入っています。しかし、導入費用と日常のメンテナンスの手間を考えると、どうしても割が合わないと言えます。

水まわり設備は、１日１回の清掃では追いつかないはずです。そしてタオルやトイレットペーパーの交換・補充も必要です。さらに異物が詰まるといった突然のトラブルも覚悟しなければなりません。

そのようなことを考慮すると設置するべきではないでしょう。

管理費⑧　子育てママが集まるハイセンスな癒し空間を演出

どのような業種の店舗でもお客様に「また来よう」と思わせるには、入った瞬間の印象が重要です。入店したときに「きれい！」「センスがいい！」と感じてもらえれば、たとえ商品やサービスが平均的でも一歩リードできるはずです。

従って、コインランドリーにおいては、従来の「暗い」「汚い」「狭い」は論外です。間違いなく競合店に潰されてしまうでしょう。

また、「きれい」なだけでは不足です。きれいさは、競合店でもやる気になればすぐに実現できてしまうからです。やはり差別化には、内外装のつくりから違う「ハイセンス」が不可欠なのです。

かつてセンスの感覚は、ファッションや車のドレスアップなどをはじめとして地域によって違いがありました。ある地域では「おしゃれ」でも、他の地域では「かっこ悪い」ことも大いにあったのです。

ところが、最近はセンスの感覚の地域差がなくなってきています。インターネットが普及した昨今では、たとえ地方の人たちでも都会、さらに海外のハイセンスなデザインを知っているからです。ましてメインターゲットとなるのは、子育て世代のママ。つまり30～50代の女性です。小さいころから豊かな環境で育ち、子育てをする現在もおしゃれの手を抜かない世代の女性。センスに関しては厳しい目を持っています。

以上のことから「うちの店は田舎にあるから、それほどデザインにこだわる必要はない」という考えは通用しません。全国どこであってもハイセンスな店舗でなければ生き残れないのです。

そして「きれい」と「ハイセンス」に加えて、コインランドリーでは長い待ち時間があるために「居心地のよさ」も必要でしょう。

長く生き残るコインランドリーをつくるには、「きれい」「ハイセンス」「居心地がいい」の三条件が必須です。

私は、それらのニーズにコインランドリー業界に参入する前から気づいていました。アパートに対する入居者のニーズと全く同じだからです。「きれい」「ハイセンス」「居心地がいい」アパートを建てると、たとえ周りの物件が空室だらけでも、短時間で満室にすることができるのです。

このアパートのコンセプトは、流行りのカフェから得ました。お客様がカフェに求める要素は、コーヒーなどの美味しさは当然として、飲食物を扱うが故の「きれいさ」、流行りの場所にいるという満足感を満たす「ハイセンスさ」、そして長時間いても飽きない「居心地の良さ」でしょう。まさにアパートだけでなくコインランドリーにおいても同一のニーズです。

以上のことから、コインランドリーもカフェのような内外装を目指すべきです。

ここで考えてしまうのが「ハイセンスで居心地のいいデザインとはどのようなものか」ということではないでしょうか。確かにいつの時代も流行りのデザインというものはありますが、それればかりを追い求めていては、改装を繰り返すことになってしまいます。それでは採算が合いません。

そこでお勧めするのがシンプル&モダンなデザインです。具体的には直線を基調とし、色味を抑えたすっきりとした意匠のことです。

シンプル&モダンなデザインは、強い主張がないのにさりげなくおしゃれに見えます。そのため地域、年齢、性別、時代を問わず広く好まれます。

それでいて、シンプル故に費用もそれほど高額にならないという利点もあります。椅子やテーブル、たたみ台などの家具、そしてランドリーカートなどの備品を揃える際もあり

【図表 12】店舗外装と内装

がたいでしょう。

さらに、コインランドリーのデザインを考える際は、備品はもちろん、機械も含めたトータルデザインを考慮しなければなりません。

コインランドリー機器の多くは、ベージュや白などの単色でおしゃれ感に欠けています。シンプルモダンな内装に設置すれば浮いた感じになってしまうでしょう。

そこで、例えばステンレスボディの機械を選べばシンプル＆モダンなデザインとの相性はぴったりと言えます。ステンレスボディの機械は、耐久性だけでなくデザイン性においても利点があるのです。

シンプル＆モダンな内外装にした上で毎日布巾の色を変えたり、アルコール除菌をしていることなどで清潔さをアピールすれば、これまでのコインランドリーとは明らかに異なるハイセンスな店舗として女性客へ大いに訴求できるはずです。

管理術⑨　季節変動に合わせたプロモーション活動

コインランドリーの売上を上げる第一の要因は、認知度のアップです。そもそも利用率が5％程度しかないコインランドリーは、新規客が増えれば増えるほど売上が上がっていくからです。

認知度をアップさせる一番の武器は立地です。生活道路沿いに目立つ看板があれば月日を追うごとに認知度はアップするでしょう。看板は建築中から設置することで期待感を煽ることができます。

とはいえ、スタートダッシュは重要です。なぜなら、売上は認知度に比例するためオープン月が最も低くなりやすいからです。目安は目標金額の半分といったところでしょう。月間120万円が目標ならばオープン月は60万円前後になるはずです。

ところが、ローンの返済額は半分にはなりません。従って、オープン月は赤字になることがほとんどです。

そのため、オープン時は必ずチラシを配布し、半額キャンペーンなどのイベントを行って少しでも黒字に近づくように努力をするべきです。

チラシは新聞折り込みやポスティングによって配布します。配布するエリアは商圏である店舗から半径２㎞にいくらかプラスした範囲です。

商圏として成り立つ世帯数は最低６０００世帯ですが、これはあくまで下限なので実際には２万世帯以上あるケースが多々あります。ですから、今までの経験では４万枚前後配布することになります。費用は数十万円かかるでしょう。これもオープン月が赤字になる大きな原因です。

イベントでは、管理会社のスタッフなどを数名動員して、アンケートの回収や、それに対するランドリーバックなどのプレゼント配布、機械の使い方の説明、ぜひ、使って便利さを実感してほしい洗濯乾燥機への誘導などを行います。

このような業務は、不手際があると逆効果となるため非常に慣れが必要です。ですから、オーナーは見るだけに徹して、管理会社に一任するべきでしょう。

【図表 13】チラシ

ARUZO LAUNDRY
地域最大級のコインランドリー
あるゾウランドリー　岩井西店
2/22㊎ AM10:00より
NEW OPEN
洗濯から乾燥まで1台で!　羽毛布団も洗えます。
羽毛布団洗えます!
布団丸洗い
布団にいるダニは天日干しでは死にません。
あるゾウランドリーで完全に死滅できます!
あるゾウランドリーでは低温でも55度以上に設定。
さらに中温や高温なら10分の乾燥で完全に死滅します。
洗濯乾燥機35kg（特大）
羽毛布団2枚
フカフカが蘇る!
2/22（金）〜24（日）3日間限定!
各日10:00配布開始　数量に限りがございますので、なくなり次第終了とさせていただきます。
下記アンケートを必ずお持ちください。
引換券として使用します。お持ちでないとお渡しできませんので、ご了承ください。
OPEN記念特典❶
先着100名様
お1人様1枚限り
ランドリーバッグプレゼント!
あると便利!
サイズ／横550×縦440×マチ250mm
OPEN記念特典❷
先着100名様
お1人様1枚限り
あるゾウランドリー専用ポイントカード!
300円チャージ済みICカードプレゼント!
※当社オリジナルICカード
2/22（金）〜3/14（木）限定!
洗濯乾燥コースのみ
半額キャンペーン
17kg　通常1,200円　600円!!
27kg　通常1,400円　700円!!
35kg　通常1,800円　900円!!
当店
P 大型駐車場あり!
営 24時間営業（年中無休）
うれしい情報をお届け
LINE@
〒350-0465 埼玉県入間郡毛呂山町岩井西3-6-3
プレゼント引換券　下記のアンケートを記入し岩井西店へお持ちください。
※必ず全てご記入下さい。
❶性　別　男性 / 女性
❷年　代　10代・20代・30代・40代・50代・60代・70代以上
❸お住まい　市区町村【　】町丁名【　】
❹当店を何で知りましたか?（　）
❺よく使うコインランドリーの店舗名を教えてください（　）
❻コインランドリーに期待するサービスを教えてください（　）

アンケートでは、SNSの登録も行ってもらい、その後の情報提供にも役立てます。また、当日は、洗濯乾燥機の半額使用や300円分のICカードプレゼントなどの来店特典も用意しておきます。

通常オープンは金曜日とし、土曜・日曜でイベントを行います。しかしながら洗濯乾燥機の半額キャンペーンだけは、その後の売上アップに大きく影響するので2~3週間続けます。これは機械の設定だけで継続可能なので、その間のスタッフは不要です。

このようにオープン時はさまざまな費用がかかってしまいますが、決してケチってはいけません。通常はこれだけで口コミなどが広がり、それ以降の認知度が徐々に上がっていきます。

一般的にプロモーションはこれ以上する必要はないはずです。ところが強力な競合店が現れたり、何らかの理由で認知度がアップしなかった場合などは、再度プロモーションを行う必要があります。できるなら季節変動に合わせたプロモーション活動を行った方がいいでしょう。

季節変動に合わせたプロモーションの説明の前に、まずは月別の傾向を説明します。

1月

特に雨が多いわけでもなく、花粉が飛ぶ時期でもないので年間の中で平均的な売上となる月です。日照時間が短いので乾燥機の稼働が多くなります。

2月

基本的には1月と似た傾向ですが、日数が少ないので合計の売上額が少なめになります。また、2月は1年の中で最も降雪が多い月です。もし、車の運転が困難になるほどの降雪があった場合は、売上が落ち込みます。

3～4月

3月はスギ花粉の飛散がピークを迎えます。また、羽毛布団をしまう時期でもあります。そのため稼働率がアップします。

4月下旬から花粉の飛散が落ち着き始めるので、売上はやや落ち込みます。

5月

衣替えのシーズンで、稼働率がアップし始めます。

6月

梅雨に入ることで稼働率が大きくアップします。1年で最も売上が多くなる月です。

7〜8月

日照時間が長い、雨が少ない、薄着になるため洗濯物が少ない、といった理由で売上が落ち込む時期です。

9〜10月

実は9月は1年の中で最も降水量が多い月です。気象庁のデータによると、東京都の1981〜2010年の月別平均降水量で一番多いのは9月で209・9㎜、そして10月（197・8㎜）、8月（168・2㎜）、6月（167・7㎜）と続きます。そのため、

９月の売上は大いに期待できます。梅雨時期のように長期間だらだらと降ることはないのですが、６月の金額とほとんど差がないときもあります。

11月

羽毛布団を洗ったり、気の早い人が大掃除を始めたりで比較的高い売上を維持できます。

12月

12月は６月、９月に続く第三の活況月です。大掃除を目的に天気に関係なく売上がアップします。

月別の変化を踏まえ、具体的には次のようなプロモーション活動が考えられます。

【図表 14】季節変動に合わせたのプロモーション

3～4月	花粉対策としての洗濯乾燥機利用促進のぼり・ポスターの掲示。
6月	梅雨シーズンに向けた洗濯乾燥機利用促進のぼり・ポスターの掲示。
7～8月	年間で最も売上が落ち込む季節なので洗濯乾燥機半額キャンペーンなどを SNS・ホームページ・のぼり・ポスターなどで告知。
9～10月	羽毛布団に向けた洗濯乾燥機利用促進のぼり・ポスターの掲示。
12月	年末大掃除に向けた洗濯乾燥機利用促進のぼり・ポスター掲示。

【図表 15】代表的なのぼり・ポスター写真

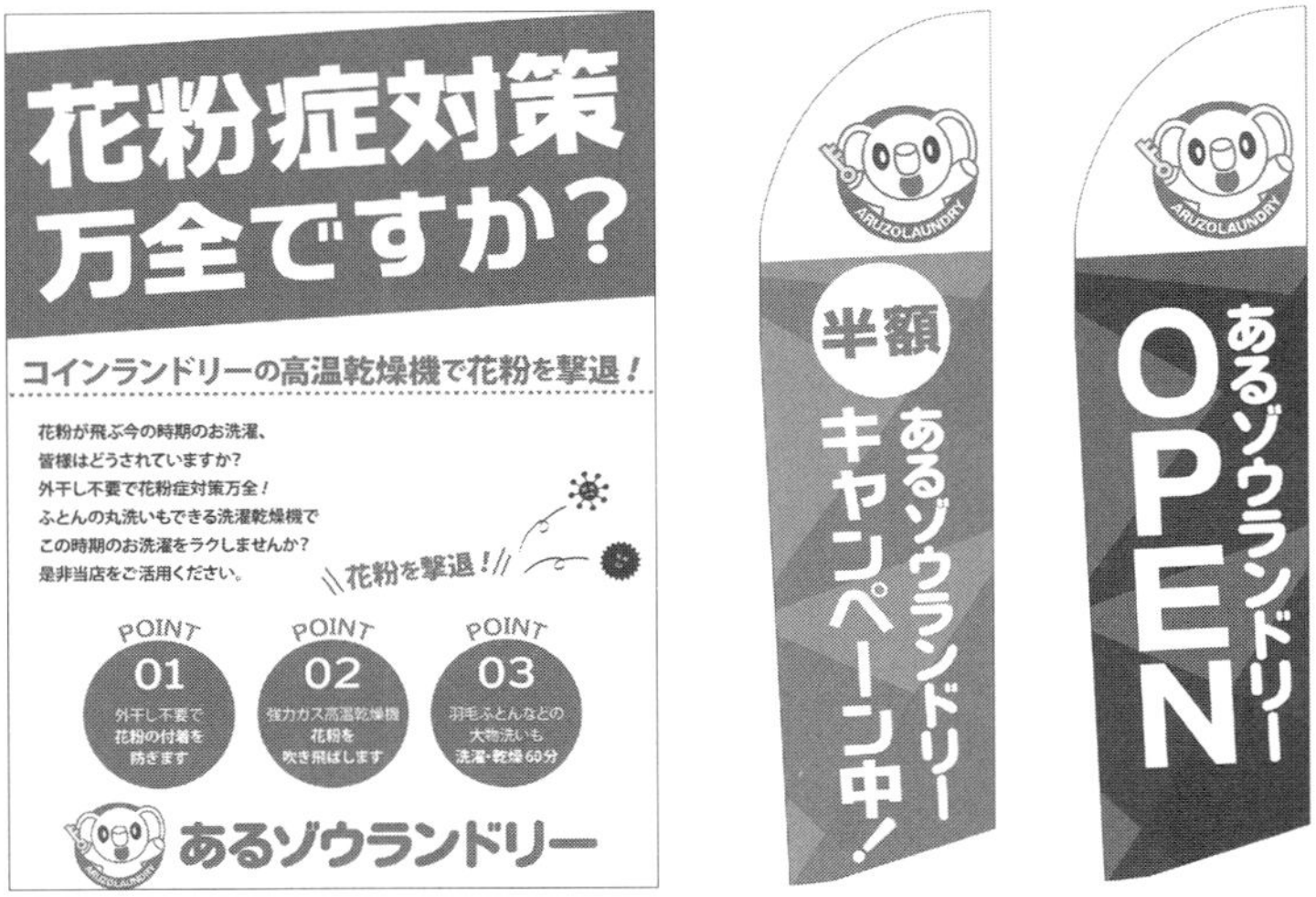

このようにプロモーションといっても、スタッフが常駐する必要は全くありません。要するに季節ごとのニーズに結びつけて、最も利益率の高い洗濯乾燥機の利用へ誘導すればいいのです。

洗濯乾燥機は1回の操作で洗濯から乾燥まで完了してしまうので、1度使えば日常的に利用したくなります。

さらに、業界最大クラスの35kgの洗濯乾燥機があることを知れば、他店に行く可能性は極めて低くなるでしょう。

コインランドリーにおいて、お客様を大型洗濯乾燥機に誘導することは、最も効率のいいプロモーション活動と言えます。

第6章

長期安定収入を実現するキャッシュフローシミュレーション

規模別キャッシュフローシミュレーション

では、いよいよ具体的にコインランドリーでどれくらいの利益を得られるのか解説しましょう。

私がお勧めする分譲型コインランドリーの総費用は、第4章でも説明したように750万円前後と1億円前後の2パターンです。この金額で土地、建物、機械、備品などを購入します。

もちろん全額キャッシュで支払う必要はなく、融資を利用します。頭金はゼロでも可能な場合がありますが、それは特別な例なので大体2割程度は必要と考えればいいでしょう。

月々の支払いはローン返済をはじめ、ガス、水道、電気代などがあります。

また、手放し経営を行うには、アパート・マンション投資と同じように管理会社へ管理料を支払う必要があります。

この「コインランドリーの運営を管理会社に委託する」というビジネスモデルは、実は始まったばかりです。

そのため、開業支援会社のサービス内容はバラバラな状態で、例えば「日常的な清掃やプロモーション活動などはフランチャイズのロイヤリティーに含めるが、集金はオーナーが自分でやる」といったように中途半端に業務に関わらなければならないケースも多々あります。

また、支援会社はあくまで各業者を紹介する立場で、掃除はA社、メンテナンスはB社、セキュリティシステムはC社といったように各社へ別々に報酬を支払う面倒なケースもあるようです。

一方で私たちは、清掃、集金から機械のメンテナンスまで一括で管理業務を請け負います。オーナーの手を煩わせることは一切ありません。まさにアパート・マンション投資と同じ感覚です。しかしながら、業界としては管理料の相場というものがまだ定まっていません。そこで私たちは売上の15%＋税（下限10万円）と設定しました。

それらを含めて、両パターンの現実的なキャッシュフローをシミュレーションしてみます。

単位：千円

6月 6カ月目	7月 7カ月目	8月 8カ月目	9月 9カ月目	10月 10カ月目	11月 11カ月目	12月 12カ月目	計
1,200	922	922	922	922	922	1,200	10,564
300	231	231	231	231	231	300	2,645
101	78	78	78	78	78	101	886
151	114	114	114	114	114	151	1,321
48	39	39	39	39	39	48	438
2	2	2	2	2	2	2	24
5	5	5	5	5	5	5	60
6	6	6	6	6	6	6	72
11	11	11	11	11	11	11	132
194	149	149	149	149	149	194	1,756
314	314	314	314	314	314	314	3,768
29	29	29	29	29	29	29	348
861	747	747	747	747	747	861	8,805
339	175	175	175	175	175	339	1,759
545	720	895	1,070	1,245	1,420	1,759	

●７５００万円店舗のキャッシュフローシミュレーション（公租公課はあくまで想定です。実際の金額とは異なることがあります。以下同）

借り入れ条件

金額　：６５００万円

借入期間：20年

金利　：１・５％

７５００万円店舗の売上目標は、最低でも月１００万円ですが、認知度が上がってうまく軌道に乗れば１２０万円（利回り約20％）も十分狙えます。

【図表 16】キャッシュフローシミュレーション 1 年目

7,500 万円店舗・月間売上想定 120 万円

月	1月	2月	3月	4月	5月
経過月数	1カ月目	2カ月目	3カ月目	4カ月目	5カ月目
月間想定収入	450	585	675	922	922
水道光熱費（売上の25%）	113	146	169	231	231
電気	38	46	54	78	78
ガス	56	77	88	114	114
水道	19	23	27	39	39
出入口マット	2	2	2	2	2
店内ＢＧＭ	5	5	5	5	5
インターネット	6	6	6	6	6
警備	11	11	11	11	11
管理費	108	108	109	149	149
金融機関返済	314	314	314	314	314
固都税	29	29	29	29	29
諸経費合計	588	621	645	747	747
営業利益	-138	-36	30	175	175
営業利益累積	-138	-174	-144	31	206

ただし初年度は、まだ認知度が低いので期待したほどの売上にならないことを覚悟しておきましょう。

特にオープンが月の途中の開店の場合は、営業日数が少ない上にこれから営業していく中でも最も認知度が低いので、売上も一番低い月になるはずです。

そこに毎月の経費として電気、ガス、水道代が売上の約25%、さらにインターネット（Ｗｉ－Ｆｉ）や警備会社、私たちの管理料などがかかります。それらに加えてローンも支払えば、ほとんどの場合で赤字になるでしょう。

単位：千円

6月 30カ月目	7月 31カ月目	8月 32カ月目	9月 33カ月目	10月 34カ月目	11月 35カ月目	12月 36カ月目	計
1,200	1,200	1,200	1,200	1,200	1,200	1,200	14,400
300	300	300	300	300	300	300	3,600
101	101	101	101	101	101	101	1,212
151	151	151	151	151	151	151	1,812
48	48	48	48	48	48	48	576
2	2	2	2	2	2	2	24
5	5	5	5	5	5	5	60
6	6	6	6	6	6	6	72
11	11	11	11	11	11	11	132
194	194	194	194	194	194	194	2,328
314	314	314	314	314	314	314	3,768
29	29	29	29	29	29	29	348
861	861	861	861	861	861	861	10,332
339	339	339	339	339	339	339	4,068
2,034	2,373	2,712	3,051	3,390	3,729	4,068	

シミュレーションでは約14万円の赤字ですが、広告を打てばさらに赤字額は増えます。

しかし、そのような状況は決して長くは続きません。ほとんどの場合はオープンしてから３カ月から半年で黒字化します。

その先は赤字知らずの経営がスタートします。しかし、たとえオープンから数カ月は赤字だったとしても初年度を振り返ると、シミュレーションでは固定資産税などの公租公課を差し引いても１７５万９０００円の営業利益が残ります。これはかなり経営がうまく

【図表 17】キャッシュフローシミュレーション３年目
7,500 万円店舗・月間売上想定 120 万円

月	1月	2月	3月	4月	5月
経過月数	25カ月目	26カ月目	27カ月目	28カ月目	29カ月目
月間想定収入	1,200	1,200	1,200	1,200	1,200
水道光熱費（売上の25%）	300	300	300	300	300
電気	101	101	101	101	101
ガス	151	151	151	151	151
水道	48	48	48	48	48
出入口マット	2	2	2	2	2
店内ＢＧＭ	5	5	5	5	5
インターネット	6	6	6	6	6
警備	11	11	11	11	11
管理費	194	194	194	194	194
金融機関返済	314	314	314	314	314
固都税	29	29	29	29	29
諸経費合計	861	861	861	861	861
営業利益	339	339	339	339	339
営業利益累積	339	678	1,017	1,356	1,695

いっている中規模アパートに匹敵するのではないでしょうか。

この数字だけでも満足できる投資家は多いはずです。しかし、コインランドリーの実力はこんなものではありません。売上が本当に安定するのは、大体３年目以降です。

開店して３年目以降は、認知度がアップしているので基本に忠実に営業していれば月間平均１２０万円以上の売上が視野に入ってきます。

つまり、年間１４４０万円前後の売上も狙えるのです。

単位：千円

6月 6カ月目	7月 7カ月目	8月 8カ月目	9月 9カ月目	10月 10カ月目	11月 11カ月目	12月 12カ月目	計
1,400	922	922	922	922	922	1,400	11,189
350	231	231	231	231	231	350	2,801
111	78	78	78	78	78	111	922
186	114	114	114	114	114	186	1,423
53	39	39	39	39	39	53	456
2	2	2	2	2	2	2	24
5	5	5	5	5	5	5	60
6	6	6	6	6	6	6	72
11	11	11	11	11	11	11	132
227	149	149	149	149	149	227	1,823
386	386	386	386	386	386	386	4,632
40	40	40	40	40	40	40	480
1,027	830	830	830	830	830	1,027	10,024
373	92	92	92	92	92	373	1,165
332	424	516	608	700	792	1,165	

それによって、年間の営業利益は、各諸経費やローン返済、公租公課などを差し引いても約４０７万円になります。無人で手間いらずの店舗が、若手会社員の年収と同等のお金を稼ぎ出してくれるのです。

●１億円店舗

借り入れ条件

金額　：８０００万円

借入期間：20年

金利　：１・５％

７５００万円店舗と１億円店舗の主

【図表 18】キャッシュフローシミュレーション 1 年目

1 億円店舗・月間売上想定 160 万円

月		1月	2月	3月	4月	5月
経過月数		1カ月目	2カ月目	3カ月目	4カ月目	5カ月目
月間想定収入		585	675	675	922	922
水道光熱費（売上の25%）		146	169	169	231	231
	電気	46	54	54	78	78
	ガス	77	88	88	114	114
	水道	23	27	27	39	39
出入口マット		2	2	2	2	2
店内ＢＧＭ		5	5	5	5	5
インターネット		6	6	6	6	6
警備		11	11	11	11	11
管理費		108	109	109	149	149
金融機関返済		386	386	386	386	386
固都税		40	40	40	40	40
諸経費合計		704	728	728	830	830
営業利益		-119	-53	-53	92	92
営業利益累積		-119	-172	-225	-133	-41

な違いは、土地と建物の広さと機械の数です。

駐車場は、前者が6台強に対して後者は20台くらいまで駐車可能です。

建物は、乾燥機を3台増やすのでその分広くなります。

これらの差で7500万円よりもお客様を逃す機会が減り、競合店に負けない地域のフラッグシップ店となり得ます。

このようなことから売上目標は7500万円店舗よりも高く、最低でも月120万円ですが、うまく軌道に乗れば周囲の見込み客を全て集めること

単位：千円

6月	7月	8月	9月	10月	11月	12月	計
30カ月目	31カ月目	32カ月目	33カ月目	34カ月目	35カ月目	36カ月目	
1,600	1,600	1,600	1,600	1,600	1,600	1,600	19,200
400	400	400	400	400	400	400	4,800
128	128	128	128	128	128	128	1,536
216	216	216	216	216	216	216	2,592
56	56	56	56	56	56	56	672
2	2	2	2	2	2	2	24
5	5	5	5	5	5	5	60
6	6	6	6	6	6	6	72
11	11	11	11	11	11	11	132
259	259	259	259	259	259	259	3,108
386	386	386	386	386	386	386	4,632
40	40	40	40	40	40	40	480
1,109	1,109	1,109	1,109	1,109	1,109	1,109	13,308
491	491	491	491	491	491	491	5,892
2,946	3,437	3,928	4,419	4,910	5,401	5,892	

ができるので１６０万円（利回り約20%）も夢ではありません。

ただし、初年度は７５００万円店舗同様に、まだ認知度が低いので赤字月が続くことは覚悟しなければなりません。特に１億円店舗は、そのサイズゆえに諸経費やローン返済額が多くなるので、黒字化するまでの期間が長くなりがちです。

とはいえ、よほどのことがなければ大体半年程度で黒字化するはずです。

一度黒字化したら、それは認知度が一定数を超えたということです。再び赤字になることはほとんどありません。

【図表 19】キャッシュフローシミュレーション 3 年目

1 億円店舗・月間売上想定 160 万円

月	1月	2月	3月	4月	5月
経過月数	25カ月目	26カ月目	27カ月目	28カ月目	29カ月目
月間想定収入	1,600	1,600	1,600	1,600	1,600
水道光熱費（売上の25%）	400	400	400	400	400
電気	128	128	128	128	128
ガス	216	216	216	216	216
水道	56	56	56	56	56
出入口マット	2	2	2	2	2
店内ＢＧＭ	5	5	5	5	5
インターネット	6	6	6	6	6
警備	11	11	11	11	11
管理費	259	259	259	259	259
金融機関返済	386	386	386	386	386
固都税	40	40	40	40	40
諸経費合計	1,109	1,109	1,109	1,109	1,109
営業利益	491	491	491	491	491
営業利益累積	491	982	1,473	1,964	2,455

その結果、シミュレーションでは、初年度の営業利益は固定資産税などの公租公課を差し引いて116万5000円になります。

7500万円店舗よりも少ない……。これではより大規模な店舗にした旨味がないと感じるでしょう。

しかし、繰り返しますがコインランドリーの実力が発揮されるのは、3年目以降です。

1億円店舗も季節変動はあるものの、認知度がアップし、基本に忠実に営業していれば月間の売上平均は160万円以上が視野に入ってきます。

従って、年間1920万円前後を売り上げる店舗になり得るのです。

それによって年間の営業利益は、各諸経費やローン返済、公租公課などを差し引いても約589万となります。

国税庁の『平成29年分民間給与実態統計調査』によると、日本のサラリーマン（男性、45・9歳）の平均年収は約531・5万円です。つまり、コインランドリー一軒から平均的なサラリーマン以上の収入が得られることになるのです。


ここで注目していただきたいのは、この利益額だけではありません。利回りにもぜひ目を向けてください。

両パターンとも想定利回りは約20％。「7％あれば上出来」といわれる新築アパートに比べて圧倒的に利益率の高い＝効率な投資だということが分かります。

しかしながら、その分毎月の支払い金額（ランニングコスト）が多ければ意味がありません。

ですが、ここも心配無用です。毎月かかる経費は、洗剤、ガス、電気、水道の支払いで売上の25％程度。それに管理費が15％（税別）です。これにマット交換、Ｗｉ－Ｆｉ、警備、有線放送とローン返済額が加わります。

以上を踏まえると損益分岐点は、７５００万円店舗ならば月間売上65万円程度になるはずです。

私たちが今まで12店舗を運営してきた経験上、初年度を除いて月間の売上平均が80万円を下回った年は一度もありません。仮に平均80万円だとしても月間の利益は15万円残るので年間で１８０万円（租税公課除く）の利益を確保することができます。

従って、どんなに厳しく見積もっても赤字にはならず、それどころか中規模アパート満室分の利益が残るのです。

しかも、空室が出ることによって大きく収入が落ち込むといったとはありません。アパートならばタイミングによっては８部屋中４部屋が空室、ということは十分あり得るでしょう。

しかし、日常生活に密着したサービスであるコインランドリーは、季節変動によって２

割程度落ち込むことはあっても、一気に半減することはほぼあり得ません。アパート・マンション投資よりも非常に安定した経営が期待できるのです。

これでアパート・マンション投資と同様に、オーナー自身が運営に携わる必要がないのですから、本業を持つ投資家にとって最強の投資先であることは間違いないでしょう。

そこで気になるのが、７５００万円店舗と1億円店舗のどちらにするか、ではないでしょうか。想定利回りはどちらのパターンもほとんど同じの約20％です。「ならば安い方で」と思うかもしれませんが、当然ながら1億円の方が利益額そのものは多くなります。

さらに「将来の売上伸び率」、「競合店に対する優位性」、「資産価値」といった点でも有利です。また、もし多店舗展開も視野に入れるなら、機械の台数が多いので「こちらよりもあちらの方が乾燥機の稼働率が高いから」というように使い回しもしやすくなります。予算が許すならば1億円店舗にする方が得策です。

オーナーの努力次第では月間200万円の売上も見込める

繰り返しますが、コインランドリー投資はオーナー自身が業務に携わる必要はありません。清掃や集金といったルーティンワークやプロモーションなどを信頼できる管理会社に全て任せてしまえば、何もしなくても最低月間100万円、軌道に乗れば160万円の売上が期待できます。

とはいえ、全くの手放しでは面白みがない、という人もいるでしょう。また、できれば自分独自の工夫でさらに売上を伸ばしたい、と考えるオーナーもいるはずです。

実は努力（出資）次第では、さらに売上を伸ばして月間200万円店舗にすることも夢ではありません。その具体策を紹介しましょう。

・常駐スタッフを置く

コインランドリーは、セルフサービスが前提なので、スタッフはいなくて当たり前です。

しかし、いることで売上が増加するのも事実です。

スタッフを置くことの最も大きなメリットは、回転率がアップすることです。コインランドリーにとって洗濯や乾燥が終わっても取り出さず、次のお客様が待ってしまったり、帰ってしまうことは大きな損失。そこで常駐スタッフが終了した洗濯物をすばやく専用のランドリーバスケットに入れて次のお客様を誘導します。そのことで回転率がアップするだけでなく、待ち時間がなくなったお客様の満足度も大きく上昇します。

この他にも常駐スタッフは次のような業務を行うことで、売上アップに貢献します。

・使い方説明

日本ではまだまだ利用率の低いコインランドリーでは、たとえオープンして数年後でも新規客が多く来店します。機械の操作方法は、新規客でも分かるように掲示してありますが、常駐スタッフの口頭での説明にはかないません。

また、説明してくれるスタッフがいることが周知されれば、それだけで新規客を呼び込む効果があります。

・コミュニケーション

常駐スタッフは、リピート客と頻繁に会話をすることになります。中にはそれが楽しみで来店する人もいるでしょう。

また、コミュニケーションの中で、利益率の高い大型洗濯乾燥機へ誘導することも可能です。つまり営業担当としても活躍してくれるのです。

ただし、会話を好まない人もいるので、その判断には細心の注意が必要です。

・清掃

清掃は汚れた時点で行うのが理想です。常駐スタッフがいればそれが可能になります。

常駐スタッフはオーナー自身や家族であれば経費はかかりません。それが無理ならば、パートを雇うことになります。その場合は、人件費との費用対効果をよく検討して判断することになります。

・最新機械の導入

皆さんの中には洗濯乾燥機の存在を知らなかった人もいるでしょう。まして容量が35kgもある大型機械があることなどは、ほとんどの人が知らなかったはずです。

このような最新機械の導入は、お客様の利便性を向上させるだけでなく、客単価アップにも大いに貢献します。

また、お客様はオーナーが想像する以上に最新機械に敏感に反応します。「ここよりもあそこの方が新しくて便利」という話は、すばやく口コミで広がって客足が流れてしまうのです。

もちろん、機械の交換には多額の資金が必要になります。頻繁に交換するのは難しいでしょう。しかし、リースではなく購入した機械であれば下取りや売却も可能です。もしかしたら差し引きすることで、最新機械が半額程度で導入できるかもしれません。頭から「高いから無理」とは考えずに、常に最新機械の情報は仕入れておくようにしましょう。

・新システムの導入

ＩｏＴ、ＡＩ、自動運転……。世の中の様々な技術は急速に進化しています。これはコインランドリー市場でも同じ。例えば今後、ＩＣカード（ＳｕｉｃａやＰＡＳＭＯなど）はもちろん、ペイペイなどスマホ決済サービスへの対応も求められるでしょう。

これら最新システムへの対応は、大きな差別化につながります。そのため本業で忙しいと考えずに、できるだけ展示会に足を運んだり、業界誌に目を通すなどアンテナを高くして情報収集を怠らないようにしたいものです。

・管理会社と密に連絡を取る

管理会社は、アパート・マンション投資と同様に情報の宝庫です。市場や競合店の状況、最新機械・システムの情報の多くは管理会社から得られるはずです。

そのため、管理会社とは、毎月の売上報告といったメールや書類上のやり取りとは別に密に連絡を取るべきです。できれば年に1回でも顔を合わせた方がいいでしょう。遠方などでそれが無理な場合は、定期的に電話をするだけでもコミュニケーションは密になるはずです。

このようなコミュニケーションから、相談がしやすくなり、思いがけない提案が出てくることもあります。

・電気・ガス会社の見直し

これは売上アップではなく、経費削減の工夫になります。

最近は電気・ガス会社ともに自由に選べるようになりました。どれも同じようなもの、とは考えず定期的に比較検討するべきです。

実際に私たちの店舗でも電力会社を変更することで、月々1万円程度の削減になりました。

またガスに関しては、ほとんどの機械が都市ガスではなくプロパンガスのみの対応となっています。プロパンガスを供給する会社は、どのエリアでも複数あるはずです。数年ごとに相見積もりを取って価格交渉を行えば、経費削減につながるでしょう。

以上のような努力（出資）を一つずつ着実に積み重ねていけば、確実に月間売上200万円に近づくはずです。

より手堅い安定経営のために5店舗展開を目指せ！

皆さんがアパート・マンション投資をはじめとする事業経験者であるなら、リスク分散の重要性はよくご存じでしょう。

リスクには強力な競合店の出店、地震や台風などの自然災害といったある程度予測できるものだけでなく、トラックがアクセルとブレーキを間違えて突っ込んでくるような想像もできないことも起こり得ます。

このようなリスクをできる限り軽減させる方法が、多店舗展開です。

一般的に事業におけるリスク分散は、現在の事業と関連＝ノウハウがあり、かつ、市場が異なる業種を選択することが王道と言われています。例えば、カニの卸業者がエビの卸業者を行うといったケースです。この方法なら最初から海産物の卸というノウハウがありますし、カニの不漁といった市場の変化にも対応できるので、効率よくリスクを分散できます。

一方でコインランドリーの場合は、「洗濯」という人間の生活に密着したサービスを提供するものなので、リスク分散のために業種を変える必要がありません。全国的にコインランドリーが使われなくなる、といったことはあり得ないからです。

コインランドリーの展開の際に出店エリアを厳選して多店舗展開すれば、強力な競合の出店や災害、突然の事故などによる売上減に柔軟に対応できます。

また、多店舗展開によってスケールメリットが生まれるのも大きな魅力です。1店舗目よりも2店舗目、2店舗目よりも3店舗目の方が、ローン審査が通りやすく、金利が下がる可能性が高まります。

その他にもプロパンガスや消耗品、広告・キャンペーンなどの費用も一括で契約すれば価格交渉がしやすくなるでしょう。

さらに店舗がたくさんあれば、前述のようにそれぞれのエリア特性に合わせた機械の交換ができ、より効率的な経営が実現できます。

私は自分の経験から痛感しているのですが、コインランドリーは出店エリアによってお客様の特性が微妙に異なり、それぞれに合わせることで驚くほど売上が伸びます。

立地、建物、機械の選択によって、月に120万円の売上はほぼ固いものになります。しかし、それ以上の金額を安定して狙うには、やはりそのエリア特性に合わせたノウハウが必要でしょう。

そのようなノウハウは、店舗を増やせば増やすほど蓄積されていきます。「あの店舗でこうやったから、この店舗ではこうしよう」と、相乗効果によってどんどん売上が伸びていくのです。

従って、より手堅い安定経営を望むなら、1店舗目のオープン時から多店舗展開を視野に入れるべきです。

最初の目標は5店舗くらいが妥当だと思います。月の平均売上が160万円の店舗が5軒あれば、年商は160万円×12カ月×5店舗=9600万円。約1億円になります。

年商1億円といえば、一般的に個人商店の商いではなく会社の事業と見なされる境目でしょう。金融機関の見方も一変し、ほかの事業展開も見えてきます。

とはいえ、いくらここで「5店舗展開を目指しましょう」と言っても、その道筋がピンとこない人も多いはずです。実は1店舗目さえ軌道に乗せてしまえば、5店舗目までの道のりは、それほどハードルの高いものではありません。そこで理想的な出店パターンを、1億円店舗を例に考えてみましょう。

●1億円店舗による5店舗出店までの流れ

1年目

年間の営業利益が約1000万円出ます。これを全て残しておきます。

2年目

2年目の営業利益は約500万円とします。よって、累積営業利益が約600万円になります。これも残しておきます。

3年目

【図表20】5店舗展開のシミュレーション

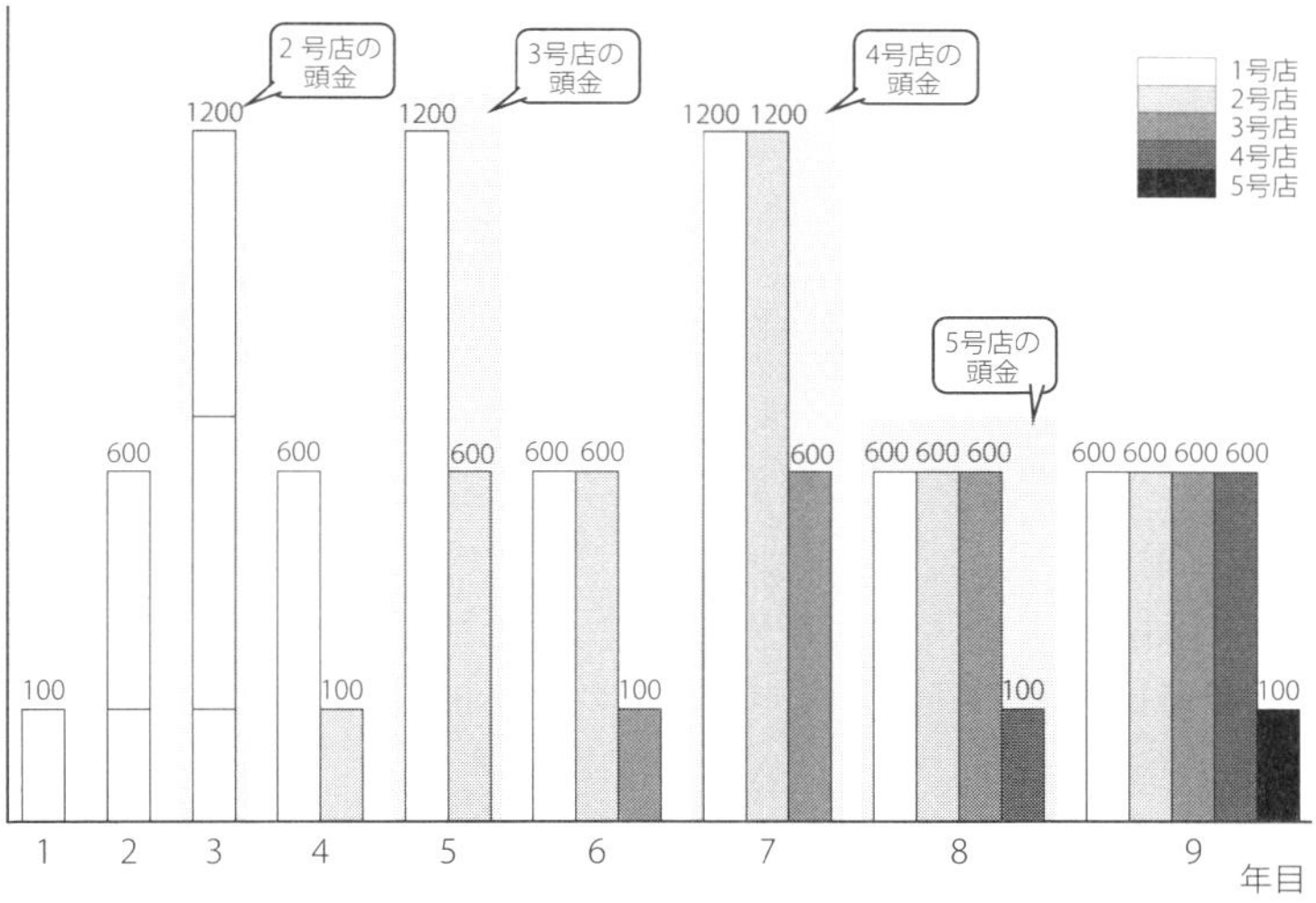

３年目以降の営業利益は約６００万円とします。よって累積営業利益が約１２００万円になります。これを頭金にして２号店の開店へ動き出します。

４年目

２号店オープン。１号店の３年間の累積営業利益は２号店の出店に費やしているので１年分の約６００万円になります。２号店の累積営業利益は初年度なので約１００万円です。

５年目

１号店の累積営業利益が約１２００

万円、2号店の累積営業利益が約600万円。合わせて約1800万円を頭金に3号店オープンに着手します。

6年目

3号店オープン。これまでと同様の流れで1号店の累積営業利益が約600万円、2号店も約600万円、3号店は約100万円になります。

7年目

1号店の累積営業利益が約1200万円、2号店も約1200万円、3号店は約600万円の合計約3000万円が貯まります。これを元手に4号店出店へ動きます。

8年目

4号店オープン。たった1年間で1号店の累積営業利益が約600万円、2号店も約600万円、3号店も約600万円、4号店は約100万円の合計約1900万円が貯まります。これを元手に5号店出店へ動きます。

９年目

5号店オープン。これで5店舗展開が達成します。

このように当たり前のことを当たり前に行い、営業利益をしっかり貯めていけば、5店舗展開はわずか9年で達成します。

その時点での1年間の営業利益の合計は約２５００万円。2年後に5号店も軌道に乗っていれば６００万円×５店舗＝約３０００万円になります。これだけあれば一生悠々自適な生活が保障されるでしょう。

さらにローンを完済すれば5店舗の不動産は全て自分のものになるので、少なくても土地だけで約３５００万円×５＝約1億７５００万円の資産価値があります。子どもたちなどへ残す資産としても十分以上ではないでしょうか。

なお、７５００万円店舗の場合でも同様の流れで、9年間で5店舗展開が可能です。その場合の1年間の営業利益の合計は約400万円×5店舗=約2000万円（11年目以降）。土地の資産価値の合計は2000万円×5=約1億円になります。

また、一般投資家がこのような多店舗展開を視野に入れるのであれば、1店舗目からの法人化をお勧めします。法人化をすれば、家族を従業員にするなど節税対策の幅が広がるからです。

詳しくは第7章で解説する開業支援会社に相談すればいいでしょう。

第7章

最良のパートナーを選べば利益は最大化する

開業支援会社には複数の形態がある

アパート・マンション投資を始めようとする人の多くは、まず物件を販売する不動産会社を探すと思います。また、このような不動産会社の多くは、管理業務も兼務しているので、物件購入後はそのまま管理を委託するケースも多いでしょう。

コインランドリー投資も同様の流れで開店・運営していきます。専門の開業支援会社に物件探しを依頼して、購入（賃借）後は管理会社に運営を任せることができるのです。

ただし、不動産投資と違うのは、開業支援会社の業態が複数あり、管理業務の内容もアパート・マンション投資ほど統一化されていないという点です。

コインランドリー業界は、まだ発展途上です。それは先に参入した者が先行者利益を得られるというメリットはあるものの、パートナーとなる開業支援会社が玉石混淆の状態であり、オーナーとしても選択眼が養われていないといったことで失敗する可能性も少なからずあるということです。

コインランドリー投資にとって、開業支援会社＝パートナー選びは、一丁目一番地の最重要課題です。ここでしくじってしまうと、全てがうまくいきません。

そこで、主な開業支援会社の形態と、それぞれのメリット・デメリットを考えてみたいと思います。

開業支援会社①「フランチャイザー」

現在のコインランドリー投資において、フランチャイズに加盟することが最もメジャーな開業方法と言えるでしょう。

フランチャイザーとは、フランチャイズの本部のことです。フランチャイズに加盟する人・法人（フランチャイジー）と契約を締結することで、お店の看板、商品を使う権利、サービスのノウハウなどを提供します。

フランチャイザーは賃貸店舗や機械、消耗品の仕入れ、集客など店舗運営を行う上で必要な各要素をパッケージ化して提供するので、未経験者でも比較的安心してビジネスを行うことができます。

メリット

- フランチャイズとしてのブランドが確立している。
- ほとんどがテナントとして開業するので、物件の購入費を用意する必要はなく、比較的安価な初期費用で開店できる。
- 独自のノウハウを最短の時間で吸収することができる。
- 小規模な店舗でも始めることができる（失敗しても損失が少ない）。

デメリット

- テナントとして開業するので店舗の振動対策が行えず、大型機械を導入することが難しい。また周辺住民からクレームの心配がある。
- マンションの1階などの店舗では、24時間営業ができない場合がある。
- 月々のロイヤリティー（商標権などの使用料やサポート料）が高額になりがちで黒

字経営の障害になることがある。

- 会社から機械を指定されてしまうので、最善の機械を選択できるとは限らない。
- フランチャイザーの都合で、商圏内に同じフランチャイズの店舗が出店してしまうことがある。

- 小規模店舗になりがちなので競合に弱い。

以上のようなことから、フランチャイザーをパートナーとして選ぶなら、比較的少資本で小規模な店舗を開店させたい場合が向くと言えます。しかし、それは常に競合の心配をしなければならないということにもつながります。

参考までに一般的なフランチャイズ店（テナント型）のキャッシュフローを紹介します。第6章の分譲型とよく見比べてみてください。

敷地面積　：25坪

単位：千円

6月 30カ月目	7月 31カ月目	8月 32カ月目	9月 33カ月目	10月 34カ月目	11月 35カ月目	12月 36カ月目	計
906	529	589	793	755	680	906	8,138
191	115	128	115	162	146	191	1,692
55	36	39	36	48	44	55	511
109	63	71	63	91	82	109	945
27	16	18	16	23	20	27	236
50	50	50	50	50	50	50	600
184	184	184	184	184	184	184	2,208
14	14	14	14	14	14	14	168
138	138	138	138	138	138	138	1,656
74	74	74	74	74	74	74	888
651	575	588	575	622	606	651	7,212
255	-46	1	218	133	74	255	926
291	245	246	454	597	671	926	

建物面積　：20坪
駐車スペース：２台分
機械台数　：洗濯乾燥機（22kg）２台、
洗濯機（10kg）３台、乾燥機（15kg）５台、
スニーカーランドリー１台

図表21のシミュレーションは、経営が軌道に乗った３年目のものです。

多くのフランチャイズ店は私が推奨する規模よりもかなり小さく、敷地面積は25坪程度です。都心部の場合は、マンションやビルの１階というケースも多いでしょう。

また、管理費の代わりに機械の台数に応じたロイヤリティーが毎月かかります（売

【図表 21】キャッシュフローシミュレーション 3 年目

フランチャイズ店舗

月		1月	2月	3月	4月	5月
経過月数		25カ月目	26カ月目	27カ月目	28カ月目	29カ月目
月間想定収入		589	503	604	680	604
水道光熱費		128	110	130	146	130
	電気	39	35	40	44	40
	ガス	71	60	72	82	72
	水道	18	15	18	20	18
人件費		50	50	50	50	50
地代家賃		184	184	184	184	184
雑費		14	14	14	14	14
リース料		138	138	138	138	138
ロイヤリティー		74	74	74	74	74
諸経費合計		588	570	590	606	590
営業利益		1	-67	14	74	14
営業利益累積		1	-66	-52	22	36

上連動制もあり)。

ただし、そこに含まれるサポート内容はフランチャイズによって異なり、今回のシミュレーションでは清掃スタッフの人件費として別途月々5万円加算しています。

この規模の店舗の場合、地方都市周辺であれば月平均68万円程度の売上が期待できるでしょう。そこから地代や機械のリース代、ロイヤリティー、人件費などを差し引くと月平均の営業利益は約7万7000円。従って年間の利益約93万円となります。

分譲の7500万円店舗の年間営業利益が約407万円ですから、たった1年で約314万円も差が出てしまいます。それだけ規模や管理費の違いは大きいのです。

さらに、20年後、30年後の出口戦略を考えると、テナント型で機械はリース、という手法では資産として何も残りません。土地、建物、機械が自分の資産となる分譲型とは、年間の利益も含めると最終的に数千万円から億単位の差がつくことになります。

なお、フランチャイズ店の場合は、開店前に２００～３００万円の加盟料がかかることも覚えておきましょう。

開業支援会社②「機器販売代理店」

ほとんどのコインランドリー機器メーカーは、エンドユーザーに対して直接機器を販売することはありません。多くの場合、販売代理店を通じて販売します。

この販売代理店が、開業支援も行っているケースが多々あります。このような会社は、メーカーから指導を受けてしっかりとした市場調査を実施するなど開店までのノウハウは十分持ち合わせています。

ただし、多くの場合、1エリアにつき1代理店となっているので同じメーカー同士で相見積もりをしたり、担当者と相性が合わないなどといった理由で他の代理店へ依頼することはできません。

メリット

- 本業が機械の販売なので機械の性能や特性を熟知している。
- 社内にメンテナンス部門がある場合は、地域密着型なので迅速な対応が期待できる。

デメリット

- 1エリアにつき1代理店となっているケースが多いので、機械を気に入ってしまうと値引き交渉しにくい。
- メンテナンスが保守契約制になっている場合は、故障がなくても割高な保守費用を支払い続けなければならないケースもある。
- 自社にメンテナンス部門がない場合は、トラブル対応に時間がかかることもある。

・メインの業務が機械の販売なので、オープン後の経営コンサルティングが不得手なところもある。
・多くの場合、管理業務は代理店を通じて外部に分散して委託するので「報・連・相」が徹底されないことがある。

販売代理店の本業は、あくまで機械の販売です。開業支援はそのための手段でしかありません。ですから開店した後のフォローは機械のメンテナンス以外はあまり期待できないケースが多いでしょう。

従って、販売代理店をパートナーとする場合は、オーナー自身が積極的に運営に関与する姿勢が重要になります。つまり「手放し経営」は実現しにくいと言えます。

開業支援会社③「経営コンサルタント会社」

コインランドリーの開業・運営を得意とする経営コンサルタント会社は、かなり少数ですが存在します。元々クリーニング店のコンサルティングをしていたところが派生事業として行っている場合などです。

このような会社は、機械メーカーやフランチャイザーなどとは無関係なので、あくまで中立な立場の支援が期待できます。

また、会社によってはさまざまな事例をコンサルティングしてきた実績から豊富なノウハウを持っています。そのため、きめの細かいフォローも期待できるかもしれません。

メリット

- メーカーやフランチャイザーとは無関係の中立な立場である。
- 豊富なノウハウがある。
- きめの細かいマンツーマン指導が期待できる。

デメリット

- 決して少なくない着手金や月々の顧問料がかかる。

・不動産紹介や管理業務などは直接行わないのでスピーディーさに欠ける。
・失敗しても責任は取ってくれない。
・未成熟な業種なので本当にスキルがあるのか見極めるのが難しい。
・そもそもコインランドリー専門のコンサルタントは極めて少ない。

コインランドリーは、まだ発展途上の業界なので、コンサルティング会社も玉石混淆と言えます。パートナーとするならばオーナー自身の見極める力が必須です。

また、月々の顧問料も決して安くはないので、契約を解約するタイミングの見極めも重要でしょう。

開業支援会社④「トータルマネジメント会社」

フランチャイザー、機器販売代理店、経営コンサルティング会社は、それぞれに魅力があるものの、決して見過ごせないデメリットも存在します。

フランチャイザーは、ブランドという魅力があるものの月々のロイヤリティーが重くのしかかります。

販売代理店は、地域密着の安心感がありますが経営ノウハウに不安が残ります。

経営コンサルティング会社は、豊富なノウハウが期待できますが多額の費用がかかる割に失敗しても責任を取ってくれません。

どれも決定打に欠けると言わざるを得ないのです。

そこで3社全てのメリットを有し、デメリットを取り除いた会社として考え出されたのがトータルマネジメント会社です。

トータルマネジメント会社は不動産業務も兼務しています。そのため店舗は土地と建物をセットにした分譲物件を販売します。従って、オーナーは立地や建物の仕様に悩む必要はありません。

また、この組織の経営理念は、長年携わってきた不動産管理の考えに基づいていると言えます。

不動産管理にはフランチャイザー（本部）とフランチャイジーのような上下関係はあり

ません。お客様の売上に関係なく一律にロイヤリティーを得るのではなく、売上に比例した管理料をいただきます。つまり、お客様の利益が会社の利益に比例する一心同体の関係なのです。

また、販売代理店のようにメインの業務が機械の販売、つまり「売ったら終わり」ではなく、運営中どころか出口までフォローします。

さらにコンサルティング会社のように失敗しても責任を取らないのではなく、売上が下がれば自社の利益も減ってしまうので本気度が違います。

コインランドリーのトータルマネジメント会社も、これらと同じ考えで業務を遂行します。

そのことを前提に、トータルマネジメント会社は次のようなことを行います。

・市場調査

繰り返しますが、コインランドリー投資において最も重要なのは立地です。そのため、専門家による市場調査は欠かせません。

・不動産紹介

トータルマネジメント会社は、不動産会社も兼ねています。その上でテナントではなく、優良な新築の分譲物件を紹介します。このことは多店舗展開にも有利に働きます。

・金融機関の紹介

コインランドリー投資の成功の秘訣は、いかに低金利、そして長期融資で資金を調達するかです。トータルマネジメント会社は複数の金融機関と密に付き合っているので、比較的スムーズに良い融資条件を引き出すことができます。

・ブランドの統一

ブランド（屋号）を統一し、スケールメリットを発揮します。具体的には認知度がアップし、機械代・備品代・メンテナンス費用・消耗品代・ＩＴシステム使用料・広告費・人材教育費などを軽減します。

・**管理業務**

清掃、集金からクレーム対応まで全ての管理業務を請け負います。オーナーは日常業務を一切、行う必要がありません。

・**オープン後の経営コンサルティング**

トータルマネジメント会社は自社でも店舗を運営しているので、非常に豊富なノウハウを有しています。

また、オーナーの利益＝自社の利益となるので、そのノウハウを余すことなく伝授します。

・**税務相談**

不動産管理業務で培った豊富な税制知識で、節税対策をバックアップします。

・資産運用相談

資産運用はリスク分散が重要です。そこでコインランドリーに偏らず、不動産投資も含めたさまざまな提案を行います。

・出口戦略サポート

投資は明るい出口が見えて初めて成功したと言えます。トータルマネジメント会社は、店舗や機械の売却・買取までフォローします。

以上のことから、トータルマネジメント会社のメリットをまとめると次のようになります。

メリット

・入口から出口までワンストップサポートができる。
・ロイヤリティーや顧問料などの無駄な経費が発生しない。

デメリットと言えば、テナントでの開業ではなく店舗を購入することになるので、初期費用が比較的高くなることくらいでしょう。しかしそれも出口まで考慮すればメリットとなります。

実は、コインランドリーにおけるトータルマネジメント会社というものは今まで存在していませんでした。

しかし、私自身が開業する上で様々な開業支援会社と接し、その中でこの構想が見えてきたのです。

そして実際に12店舗を展開した経験から、自分が客ならこんなパートナーが欲しいとランドリー事業部（「あるゾウランドリー」）を立ち上げました。

つまり私たちの組織が、現在、唯一無二のトータルマネジメント会社なのです。

私たちトータルマネジメント会社は、「入り口から出口（廃業）までサポート」という部分が、他の開業支援会社との最大の違いといえます。

一例として私たちの提供する1億円店舗と一般的なフランチャイズ店の20年後を比較し

てみましょう。

１億円店舗を20年後に廃業する場合、機械と不動産を別々に売却すれば次のような金額を残せることが想定できます。

機械代：２５０万円（新品価格の１割）
不動産：３６００万円（建物の価値は残っていないとして土地代のみ）
合計　：３８５０万円

これだけでも十分な金額です。しかし、この時点でまだ集客が見込めるのであれば店舗として売却した方がより多くの利益を得ることができます。なぜなら店舗は築年数ではなく、その時点の売上で販売価格が判断されるからです。

１億円店舗の月間売上のポテンシャルは１６０万円程度です。とはいえ、機械が古くなった20年後も同じ金額で計算するのは強引でしょう。ここではシビアに見て約４割減の１００万円として計算します。

この場合、物件の買主は新築物件と同等の利回り20%を期待するはずです。つまり月間100万円の売上ならば、100万円×12カ月÷0・2＝6000万円。

シビアに見積もっても6000万円で売却することができます。もし、売上100万円以上の繁盛店ならば、これ以上の価格で売却することも可能です。もしかしたら購入価格以上になるかもしれません。これは築年数と家賃が比例するアパート投資ではあり得ない話です。

もちろん、このときの買主探しは、私たちが行います。

一方で一般的なフランチャイズ店の場合は、テナントとして営業し、機械はリースなので不動産も機械も売却することができません。その上で廃業時は機械の撤去費用がおそらく数十万円はかかるでしょう。

このように私たちが扱う店舗と一般的なフランチャイズ店では、日々の売上だけでなく、廃業時の利益でもかなり大きな差が生じるのです。

私はこのように将来性があり、かつ、働くママたちをサポートするという高い社会貢献度も有するコインランドリーを欧米並みに普及させたいと考えています。

そのためにオーナーが安心して私たちとｗｉｎ－ｗｉｎの関係が築けるトータルマネジメント体制を確立しました。

私たちが提供する分譲型のコインランドリーは、これまで説明してきたように圧倒的に競合に対して強い店舗です。従って、店舗を増やせば増やすほどリスクが分散するどころか利益が倍増していきます。つまり、非常に多店舗展開に向いたビジネスモデルだと言えるでしょう。

特別付録

それでも踏み切れないオーナーへ
コインランドリー投資の新たな選択肢

より少ない自己資金で毎月一定の利益を得る安心感も選択可能

コインランドリーへの投資は、トータルマネジメント会社をパートナーとして運営することがもっとも効率的で安心感も高いことはすでに述べました。

とはいえ、土地建物のほかに機械まで用意し、高額の投資としてコインランドリー経営をすることに踏み切れないオーナーも多いはずです。また、天候に左右される客足や毎日の店舗の売り上げに一喜一憂すること自体が疲れるというオーナーもいるでしょう。特にアパートの一括借り上げ契約によって、まったくの手放し経営を経験しているオーナーの中には、そう感じる人も多いかもしれません。

そこで私たちはコインランドリーの機械の導入・運営はこちらで行い、土地と建物を借り上げするプランも用意しています。

つまり、オーナーが購入するのは土地建物で、それをコインランドリーの『貸店舗』として我々が借り上げ運営し、オーナーには毎月一定の家賃を支払います。要は賃貸アパート・マンションとまったく同じスキームのビジネスモデルというわけです。

このプランを利用すれば総額を抑えられ、ローン利用額も少なくなる他、機械を除いた土地建物のみの融資となるため新築であれば最長22年ローンも可能になります。その分、月々の返済を減らすことができるのです。

賃貸借の期間は、機械寿命と重なる20年。そして気になる家賃の固定保証期間は10年です。

一般的なアパート・マンションの場合、多くの部屋の運営を行うため、収支は安定せず一括借上げの固定保証期間は2年前後です。また、部屋が古くなれば家賃相場も下落しがちになり、更新のたびに家賃を下げられた、という例はもはや聞き慣れた話でしょう。そのような状況下で10年間の家賃保証は、破格の好条件と言えるのではないでしょうか。

「貸店舗」の場合、テナントが安定経営をすれば空室とならずに長期間の安定した収入を得ることができます。従って、我々がコインランドリー経営を行うことにより長期間の固定家賃を保証できるのです。

そんなうまい話はない、そう思う人もいるかもしれません。しかし私たちには、すでに実績があります。私たちが提供するアパート「アルメゾン」の一括借り上げ契約は、２００５年の発売以来、２５０棟以上に対して10年間の固定家賃保証を続けています。その10年間の契約期間中に家賃を下げた例は1棟もありません。それどころか10年が経過し、契約更新を迎えた物件に対しても家賃改定をした例はないのです。

これは立地を厳選し、建物のクオリティにもこだわり抜いたことで、入居率約96％、賃貸契約更新率約90％という高い支持を得ているが故でしょう。要するに競合物件に対して圧倒的優位性を有しているのです。

この実績ある手法をコインランドリー事業にも流用したのが、今回の借り上げプランです。

その特長を通常の分譲プランと比較してまとめると図表22のようになります。

【図表 22】あるゾウランドリー借り上げプラン

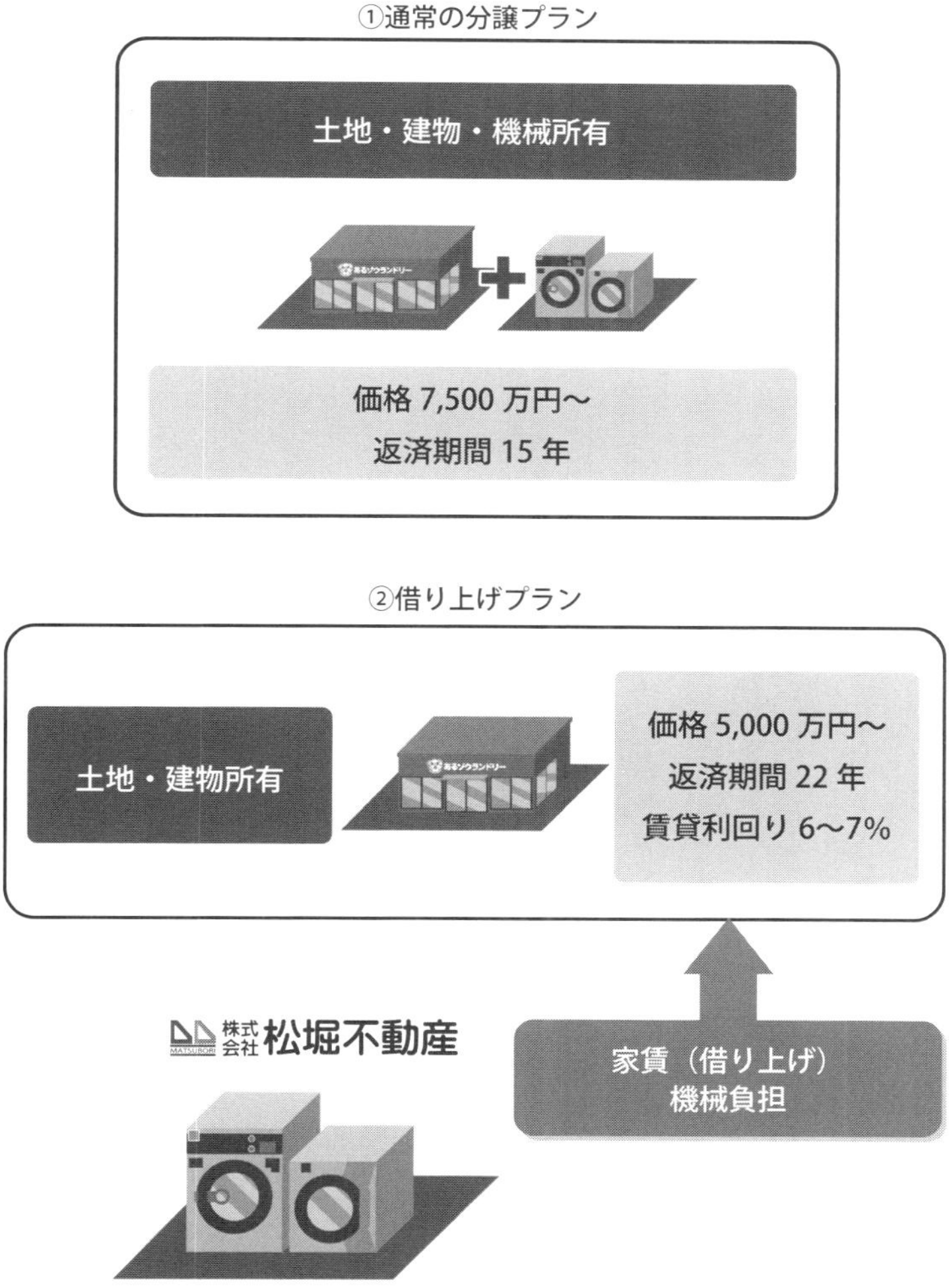

単位：千円

6月 6カ月目	7月 7カ月目	8月 8カ月目	9月 9カ月目	10月 10カ月目	11月 11カ月目	12月 12カ月目	計
300	300	300	300	300	300	300	3,600
0	0	0	0	0	0	0	0
0	0	0	0	0	0	0	0
0	0	0	0	0	0	0	0
0	0	0	0	0	0	0	0
0	0	0	0	0	0	0	0
0	0	0	0	0	0	0	0
0	0	0	0	0	0	0	0
0	0	0	0	0	0	0	0
0	0	0	0	0	0	0	0
201	201	201	201	201	201	201	2,412
29	29	29	29	29	29	29	348
230	230	230	230	230	230	230	2760
70	70	70	70	70	70	70	840
420	490	560	630	700	770	840	

①通常の分譲プラン

・利益の上限がない（利回り20％も狙える）

②借り上げプラン

・より少ない自己資金で開業が可能

・毎月一定の利益が入る安心感がある（利回り６～７％）

どちらを選ぶかはオーナー次第ということになります。

【図表23】あるゾウランドリー借り上げプラン

月	1月	2月	3月	4月	5月
経過月数	1カ月目	2カ月目	3カ月目	4カ月目	5カ月目
月間収入（賃料）	300	300	300	300	300
水道光熱費	0	0	0	0	0
電気	0	0	0	0	0
ガス	0	0	0	0	0
水道	0	0	0	0	0
出入口マット	0	0	0	0	0
店内ＢＧＭ	0	0	0	0	0
インターネット	0	0	0	0	0
警備	0	0	0	0	0
管理費	0	0	0	0	0
金融機関返済	201	201	201	201	201
固定資産税・都市計画税	29	29	29	29	29
諸経費合計	230	230	230	230	230
営業利益	70	70	70	70	70
営業利益累積	70	140	210	280	350

10年間変わらぬ利益を確定できるキャッシュフローシミュレーション

では、借り上げプランでどれくらいの利益が出せるのか、前述の７５００万円店舗でシミュレーションしてみましょう。

借り入れ条件
頭金　：８００万円
金額　：４５００万円
借入期間：22年
金利　：１・５％

約2200万円分の機械はあるゾウランドリーが用意します。従ってオーナーが購入するのは、土地と建物のみ。その費用は約5300万円です。そこで800万円の頭金を入れると、月々のローン返済は約20万円になります。

このような条件のもとに私たちと利回り6～7％で借り上げ契約を結びます。利回りは各物件の立地条件などによって異なります。シミュレーションの利回りは、毎月30万円の家賃を支払うので6・79％となっています。

そこからローン返済や固定資産税などが差し引かれるので、年間の営業利益は約84万円になります。この収入が最低10年間は保証されるのです。

機械まで購入するプランと比較すれば少ないのは確かですが、10年間何もしなくても一定の収入があるという安心にメリットを感じる人は少なくないはずです。

それに年間84万円をローンが完済する22年後まで貯えておけば、約1800万円になります。そのとき土地を売却すれば合計で4000万円前後になるでしょう。総務省のデータ（2017年）によると65歳以上の二人以上の世帯の月平均支出額は約25万円。20年間で約6000万円です。年金支給額の減少が不安視されるなかで、この4000万円は老後に向けての大きな安心材料になるのではないでしょうか。

もちろん、貯めた資金を元手に2店目、3店目の出店も可能です。

また、年間約84万円ということは、同じ予算で新築アパートを購入した場合と同等の利益となります。第1章でも説明しましたが、これからのアパート市場は非常に過酷な競争が待ち受けています。それならばブルーオーシャン市場であるコインランドリーに投資した方が、安心感が高いはずです。

さらに、仮に1億円店舗を1店買う予算があるのなら、この借り上げ店舗を2店所有する方がリスクの分散につながるという考え方もあります。

契約満了の20年後も安心の出口戦略

コインランドリーの借り上げプランの契約期間は20年です。ならばその後はどうなるのでしょうか。

私たちは次の3パターンを想定しています。

1. 機械を入れ替えて再度借り上げ契約を締結

20年後も順調に売上げがあるなら、最新の機械に入れ替え再度借り上げ契約を結びます。

2. 違う業種への転換

20年後の世の中は誰も正確には予想できません。もしかしたらコインランドリーよりも優位な業種があるかもしれません。そういった場合は、違う業種への転換を提案する可能性もあります。

3. 土地と建物を売却

もう投資は必要ない、または、まとまった現金が必要といった場合は、スムーズな売却をお手伝いします。もし、急ぐということであれば私たちで買い取ることも可能です。

いずれのパターンにするのかは、オーナーとじっくり話し合って決めればいいと考えています。

そうはいっても肝心の私たちの会社が倒産してしまったらどうする、という心配もあるでしょう。まずあり得ない話ですがその場合、機械は迅速に撤去しますので賃貸物件としてテナントに貸すこともできますし、売却も可能です。ですから、心配することは何もありません。そこが土地と建物という不動産を所有する強みなのです。

私はこのように将来性があり、かつ、働くママたちをサポートするという高い社会貢献度も有するコインランドリーを欧米並みに普及させたいと考えています。

そのためにオーナーが安心して私たちとｗｉｎ－ｗｉｎの関係が築けるトータルマネジメント体制を確立しました。

私たちが提供する分譲型のコインランドリーは、これまで説明してきたように圧倒的に競合に対して強い店舗です。従って、店舗を増やせば増やすほどリスクが分散するどころか利益が倍増していきます。つまり、非常に多店舗展開に向いたビジネスモデルだといえるでしょう。

おわりに

「家に洗濯機があるのに何で使うんだ⁉」

私がコインランドリーに対して最初に持った印象です。しかし、新規事業を探す過程で試しに使ってみると「何て便利なんだ！」に急転しました。

大量の衣類を一度に洗濯から乾燥までできる。それどころか家庭では絶対に無理な羽毛布団やカーペットも洗濯・乾燥できる。さらに花粉やダニ対策にもなる。

この便利さを世の中の人たちは、まだまだ知らない。だから潜在的なニーズは大いにある。これに投資しないのはもったいない。そう直感して「はじめに」にも書いたように「勝てるコインランドリー」を調べ尽くしたのです。

そこで痛感したのは「コインランドリー業界はフランチャイザー主導である」ということです。

この業界では、フランチャイザーが利益を追求するために小規模な店舗を短期間で出店させる動きが主流です。そこには「清潔」「明るい」「広々」を求めるお客様目線も効率的に利益を得たいオーナー目線もありません。

このままでは皆が望むようなコインランドリーの普及は遅々として進まないでしょう。ですから、私は自社で「清潔」「明るい」「広々」コインランドリーの出店を続けてきました。

ところが、自社だけの力では、業界を変えるほどのスピード感が足りないのです。私は「一緒に出店を加速してくれる仲間が欲しい」と思いました。

そこで、頭に浮かんだのが、今までお付き合いしてきたアパート投資のオーナーたちです。彼らの多くは本業で多忙な一方、公共性の高い手法での資産運用を望んでいます。まさに、コインランドリー投資に興味を持つ人と同じでした。

そこで、何人かのアパートオーナーに声をかけてみました。するとほぼ全員が「ぜひやりたい」と手を上げてくれたのです。

これで私は手応えを得ました。コインランドリー投資は、働くママたちを助ける高い公共性を有しています。また、これから増えていく日本で働く外国人も、自国で使い慣れたコインランドリーの普及を望むでしょう。

コインランドリー市場に参入するなら黎明期《れいめい》の今がベストタイミングと言えます。新規事業に対してやる気のあるアパートオーナーや中小企業の経営者には、ぜひチャレンジしてほしいと思います。

コンビニ業界のような圧倒的なブランドが存在しない今ならば、私たち「あるゾウランドリー」でも十分ナンバーワンになることが可能です。

本書を読んでいただいた皆さんは、その実現性を多分に感じていただけたはずです。ぜひ、一緒に圧倒的な業界ナンバーワンを目指しましょう！

２０１９年４月吉日　堀越　宏一

著者略歴

堀越 宏一（ほりこし・こういち）

1972年、埼玉県生まれ。大学卒業後、埼玉県東松山市に本社を置く株式会社松堀不動産に入社。売買部門の営業を担当後、同社賃貸部門へ。店長として賃貸の仲介だけではなく、管理部門も強化。アパート建築部門を立ち上げ、220棟を提案。取締役総務部長を経て代表取締役社長に就任。個人投資家向けにアパート経営のアドバイスや物件紹介を行う。賃貸物件としては5382戸を管理。入居率は96%を超える。ほか、駐車場2021台分、トランクルーム27カ所815室、コインパーキング6カ所169台分管理。現在（2019年4月）、コインランドリー「あるゾウランドリー」を12店舗展開。月間平均売上は100万円を超える。

利《り》回《まわ》り20%を実現《じつげん》するコインランドリー投資《とうし》

2019年4月11日　第1刷発行

著　者　　堀越宏一
発行人　　久保田貴幸

発行元　　株式会社 幻冬舎メディアコンサルティング
〒151-0051　東京都渋谷区千駄ヶ谷4-9-7
電話　03-5411-6440（編集）

発売元　　株式会社 幻冬舎
〒151-0051　東京都渋谷区千駄ヶ谷4-9-7
電話03-5411-6222（営業）

印刷・製本　日経印刷 株式会社
装　丁　　幻冬舎デザインプロ

検印廃止

Printed in Japan
ISBN 978-4-344-92229-7 C2033
幻冬舎メディアコンサルティングＨＰ
http://www.gentosha-mc.com/